Die Wiener Kaffeehausliteraten

Der Kaffeesieder
Zuckerbäcker, Mandoletti, Liqueur Fabr. u. Branntweinbrener.

Bartel F. Sinhuber

Die Wiener Kaffeehausliteraten

Anekdotisches zur Literaturgeschichte

EDITION WIEN

Bildarchiv der Österr. Nationalbibliothek: 20, 26, 37, 44 unten, 51, 62, 68, 103, 104 links oben und unten,
unten rechts, 108, 111, 124, 130, 153
Foto Dreissinger: 162
Historisches Museum der Stadt Wien: 2, 6, 46, 88, 100, 120
ORF Bilderdienst: 156, 158, 159
Verlagsarchiv Langen-Müller, München: 143, 161
Alle übrigen: Archiv des Autors
Schutzumschlag: Historisches Museum der Stadt Wien (vorne) und Foto Dreissinger (hinten)
In jenen Fällen, in denen der Urheber nicht ermittelt werden konnte, bleiben berechtigte Ansprüche gewahrt.

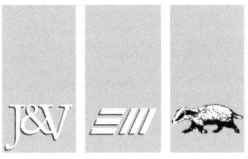

ISBN 3-85058-091-1

© 1993 by J&V • Edition Wien • Dachs-Verlag Ges. m. b. H., Wien

Umschlag: Bruno Wegscheider
Vorne: Café Griensteidl, Aquarell von R. Völkel, 1896; hinten: Hans Weigel im Café Hawelka
Druck und Bindung: Offsetdruck Carl Ueberreuter Ges. m. b. H., 2100 Korneuburg
93 08 10/40/1

INHALT

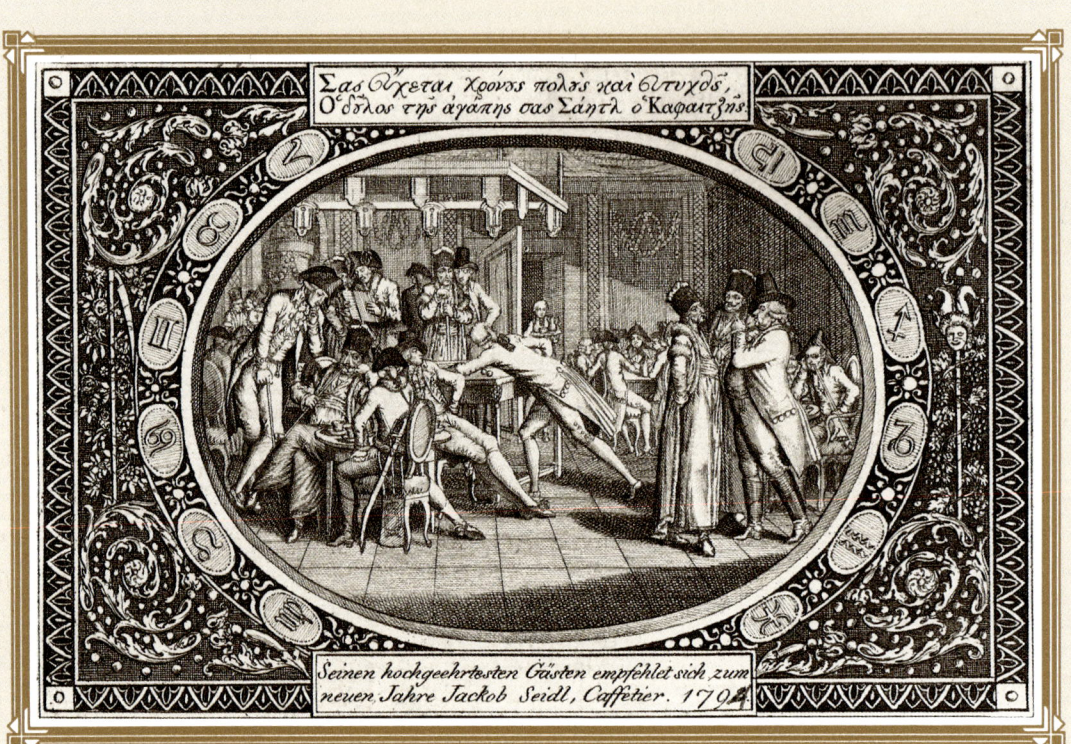

Σας εὔχεται χρόνους πολὺς καὶ εὐτυχῶς,
Ὁ δὸῦλος τῆς ἀγάπης σας Σάντλ ὁ Καφαιτζῆς.

Seinen hochgeehrtesten Gästen empfehlet sich zum
neuen Jahre Jackob Seidl, Caffetier. 1791.

Wie Politik und Literatur ins Kaffeehaus kamen

*I*n den so zahlreichen Berichten über die Entstehung des Wiener Kaffeehauses mischen sich gern bis heute gesichert Historisches mit kolportierter Legende. Eine wesentliche Rolle in diesen Berichten spielt ein angeblicher „Raize" namens Georg Franz Kolschitzky, der lange Zeit als Gründer des ersten Kaffeehauses in Wien galt. Der Kulturhistoriker Karl Teply hat inzwischen diese schon früher angezweifelte Legende widerlegt („Die Einführung des Kaffees in Wien", Wien 1980).

Die „Raizen", belehrt uns „Meyers Kleines Konversations-Lexikon" von 1908, waren „griech.-oriental. Serben in Slawonien u. Südungarn, deren Gebiet (Rascia) sich bis ans Adriatische Meer ausdehnte." Besagter Kolschitzky (auch: Kulczycki) jedoch wurde vermutlich 1640 in Polen geboren und kam als Hilfsdolmetscher in der Equipe des türkischen Großbotschafters Mehmed Pascha im Jahre 1665 nach Wien. Dank seiner Sprachkenntnisse bekam er später eine Anstellung im Belgrader Kontor der Orientalischen Handelskompagnie. 1678, also fünf Jahre vor der Türkenbelagerung, ließ er sich als „raizischer Orientwaren-Importeur Frantz Georg Goldtschütz" in der Leopoldstadt nieder.

Daß sein Name in die Geschichtsbücher geriet, verdankt er einer erfolgreichen Kurier-Mission im Jahre 1683. Zusammen mit seinem Diener Stephan Seradly und in türkischer Verkleidung stahl er sich am 14. August bei stürmischem Regenwetter vom Schottentor aus durch den türkischen Belagerungsring und traf am Morgen des 15. August beim Herzog von Lothringen ein, dem er mehrere Briefe der Belagerten, u. a. an Kaiser Leopold I., übergab. Mit Antwortschreiben und der Nachricht, daß sich ein Entsatzheer von 70.000 Mann zu sammeln beginne, kehrte Kolschitzky am Morgen des 17. August wieder nach Wien zurück. Zur Belohnung erhielt er 200 Dukaten.

Diesen gefährlichen Botengang ein zweites Mal zu wagen, weigert sich Kolschitzky. Dafür übernimmt für das gleiche Honorar sein Diener zwei Tage später den Auftrag und kehrt wenig später wieder heil in die Stadt zurück. Bei einer dritten Mission Anfang September wird Seradly allerdings von den Türken aufgegriffen; über sein weiteres Schicksal ist nichts bekannt.

Obwohl Kolschitzky nicht der einzige Geheimkurier war und andere den gefährlichen Gang durch die feindlichen Linien sogar mehrmals unternahmen, rührt der „raizische" Pole nun für sich und seine Heldentat kräftig die Reklametrommel. Ein Bericht darüber mit seinem Bildnis erscheint nicht nur in Wien, sondern wird auch in Salzburg und später in Ulm, Nürnberg und Straßburg nachgedruckt. So verbreitet sich sein Ruhm in ganz Deutschland, aber bald kennt man seinen Namen auch in Italien, Frankreich, England und Spanien.

Diese selbstentfachte Popularität erklärt seinen Nachruhm und die Legende von den mehreren Säcken Kaffeebohnen, die man angeblich im verlassenen Türkenlager fand und Kolschitzky für seine Verdienste überließ, um damit das erste Kaffeehaus in Wien zu gründen.

Historisch belegt ist vielmehr, daß bereits 1668 der Raize Dimetrius Domasy in Wien mit Kaffee handelte, der bittere Türkentrank also mindestens 15 Jahre vor dem Eintreffen der Türken schon in der Stadt bekannt war. Der erste Besitzer eines Kaffeehauses dürfte dagegen der Grieche Johannes Theodat (Diodato) gewesen sein, ebenfalls einer der geheimen Kuriere während der Türkenbelagerung. In einem Privileg, das ausdrücklich darauf Bezug nimmt, erhielt er 1685 „zur Billichen Belohnung die freyheit ..., den Caffé in einem offenen Gewölb ausschänken zu mögen". Es war die Geburtsstunde des Wiener Kaffeehauses.

In diesem Jahr zog Kolschitzky noch mit einem Wanderkessel durch Wien und verkaufte auf den Gassen seine „türkische Suppe Kaffeh", denn das Haus in der Leopoldstadt, in dem er seinen Orient-Handel betrieben hatte, war wie nahezu alle Häuser in den Vorstädten 1683 zerstört worden. Ein Jahr später erhielt auch Kolschitzky und mit ihm zwei weitere ehemalige Kundschafter die Konzession für ein offenes Kaffee-Gewölbe. An diese vier Konzessionen war eine ausdrückliche Steuerbefreiung auf 20 Jahre gebunden, was den Schluß zuläßt, daß damals in Wien auch schon andere Kaffee-Gewölbe existierten, für die ganz normal Steuer entrichtet werden mußte. Daneben gab es weiterhin noch die ambulanten Straßenverkäufer, zumeist Griechen oder (wenigstens nach dem äußeren Erscheinungsbild) Orientalen bzw. Türken.

Wie sah nun dieses Wien aus, in dem um die Wende vom 17. zum 18. Jahrhundert die ersten Kaffeehäuser entstanden, und wie sahen diese selbst aus?

Kaiser Leopold I. ist ein sehr kunstsinniger Monarch, der trotz der zahlreichen Kriege, die er führen muß, Kunst und Musik fördert. Die Barock-Baumeister Lukas von Hildebrandt und Johann Bernhard Fischer von Erlach errichten bedeutende öffentliche Bauten, Schlösser und Palais in Wien und ganz Österreich. Ihre Werke sind auch Ausdruck des absolutistisch imperialen Staatsgedankens der Habsburger. Bis gegen die Mitte des 18. Jahrhunderts herrscht in der Malerei und Baukunst ein Stil der sinnlich verschwenderischen Fülle vor, dem auch ein Lebensstil der Wohlhabenden, also des Adels, entspricht, gepaart mit einem strenggläubigen Katholizismus.

Weit weniger tut sich in anderen, eher profanen Bereichen, insbesondere auf den Gebieten der Wissenschaft und im Sozialwesen. Hier wie auch bei den notwendigen Reformen der Verwaltung und der Wirtschaft hinkt Österreich anderen Staaten in Europa, etwa Frankreich und England, hinterher.

Doch manches davon begann sich bereits anzukündigen. 1684 erschien Philipp Wilhelm von Hörnigks Buch „Österreich über alles, wann es nur will", das erste Werk über den österreichischen Merkantilismus und die theoretische Grundlage einer Wirtschaftspolitik des Absolutismus. Hörnigk stammte aus Frankfurt am Main, war Protestant und später zum Katholizismus konvertiert. 1679 kam er nach Wien und wurde „Kaiserlicher Principialcommissär" am permanent tagenden Reichstag von Regensburg. Sein Buch erlebte kurz hintereinander mehrere Auflagen, von denen die erste anonym erschienen war. Das geschah damals wie auch noch Jahrzehnte später häufig aus Angst vor der Zensur.

Auch zahlreiche praktische Neuerungen gab es um und in den Jahren nach der Jahrhundertwende: 1688 wurde eine Straßenbeleuchtung mit Öllaternen in Wien installiert, 1717 die regelmäßige Reinigung der Gassen und Plätze veranlaßt und 1722 die Post verstaatlicht. 1693 gründete Leopold I. das Große Armenhaus für 700 Bettler, 600 Militärinvalide und 150 Studenten, das Josef II. später in das Allgemeine Krankenhaus umwandelte. 1707 entstand das „Versatz- und Frag-Ambt" (später Dorotheum) und 1717 das „Merkantil- und Wechselgericht" (ein Vorläufer des Handelsgerichts).

Den Grundstein für die spätere Akademie der bildenden Künste (seit 1773) legte 1692 Peter Strudel mit der Gründung der ersten (privaten) Kunstschule. 1701 erschien das erste „Postbüchl" mit dem Fahrplan der von Wien abgehenden Post sowie einem Straßen- und Wirtshausverzeichnis. Josef Anton Stranitzky führte 1705 das Stegreifspiel auf dem Theater ein und kreierte die Bühnenfigur des „Hanswurst". Und im Todesjahr Abrahams a Sancta Clara, 1709, wurde das Kärntnertortheater eröffnet.

Wien hatte sich bald nicht nur von den Türkenkriegen erholt, es war auch zu einer neuen Blüte erwacht. Die Thesen Hörnigks, der die Gründung eigener Kommerzien und Manufakturen (wir würden heute sagen: Industrien) und weniger Importe gefordert hatte, begannen zu greifen. In der Roßau hatte 1718 Claudius Innozenz Du Paquier eine Sonderlizenz für die Erzeugung von Porzellan erhalten, nach Meißen nunmehr der zweite Hersteller des „weißen Goldes" in Europa.

In dieser Zeit des Aufschwungs und der relativ gesicherten Verhältnisse begannen sich in Wien die ersten Kaffeehäuser zu etablieren. Ja, sie wurden regelrecht Mode. Die Gastronomie hatte damals, besonders bei den Fremden, die nach Wien kamen, keinen guten Ruf. Die Gasthöfe waren so, daß jeder, der für einige Zeit in Wien bleiben wollte, sich raschest nach einem Privatquartier umsah, und der Adel und die wohlhabenderen Bürger waren darauf eingerichtet, daß bei ihnen jederzeit alle auswärtigen Verwandten, Freunde und Bekannten wohnen konnten. Die Wirtshäuser waren kaum besser, primitiv, häufig schmutzig und boten nur eine geringe Auswahl an Speisen.

Auch die allerersten Kaffee-Gewölbe dürften sich an dem einfachen Standard der Wirtshäuser orientiert haben. Aber da ihr Angebot sich grundsätzlich von dem der üblichen Wein- und Bierhäuser unterschied, zogen sie auch ein anderes Publikum an. Alles „Türkische" war nach 1683 sehr in Mode gekommen – man denke nur an das dem Halbmond nachgebildete Wiener Kipferl –, und auch der Kaffee war natürlich „türkisch". Ihren meist nobleren Gästen mußten die Kaffeehauswirte also auch ein luxuriöseres und kommoderes Ambiente anbieten. Das taten vor allem die „bürgerlichen Kaffeesieder", wie sie sich nannten, als deren erster 1697 der Armenier Isaak de Luca überliefert ist.

Das Aufkommen der Kaffeehäuser traf mit einer anderen Neuerung in der Haupt- und Residenzstadt zusammen: Kurz nach Beginn des Jahrhunderts erschienen die ersten regelmäßigen Zeitungen. Es waren dies der „Posttägliche Mercurius", der „Corriere ordinario" und das „Wiennerische Diarium" – „enthaltend Alles Druckwürdige so von Tag zu Tag so wohl in dieser Kayserlichen Residenz-Stadt Wienn selbsten sich zugetragen als auch von anderen Orthen auß der gantzen Welt allda nachrichtlich eingetroffen".

Den ersten beiden genannten Zeitungen war kein allzu langes Leben beschieden. Anders das „Wiennerische Diarium", das rund hundert Jahre später in „Wiener Zeitung" umbenannt, heute die älteste Tageszeitung der Welt ist und deren erste Nummer am 8. August 1703 herauskam. Damals erschien es freilich – wie auch die beiden anderen – noch nicht täglich, sondern zweimal die Woche, immer einen Tag, nachdem die Post in Wien eingetroffen war, und die kam Dienstag und Freitag, so daß es Mittwoch und Samstag jeweils neue Zeitungen gab. Man konnte sie nicht nur abonnieren, sondern sie lagen auch in den Kaffeehäusern auf, nicht jedoch in den Wirtschaften und Gasthöfen.

Was stand nun in diesen Zeitungen, die zu lesen von jetzt an viele die Kaffeehäuser aufsuchten? Da gab es an allererster Stelle die Gesellschaftsnachrichten für die „Adabeis": Wer war neu in Wien eingetroffen? Wer hatte sich mit wem verehelicht? Was für ein Menue hatte es auf dem Ball oder der Redoute des Grafen X oder der Fürstin Y gegeben, und wer hatte sich daran delektieren dürfen? Und war jemand in den letzten Tagen gestorben, und wer war auf „der Leich" zu sehen gewesen?

Daneben gab es Berichte über öffentliche Ereignisse, Kriegshandlungen, neue Erfindungen aus Österreich und aus fremden Ländern sowie amtliche Verlautbarungen des Hofes und des Magistrates zu lesen. Wesentlicheres und besonders Kritisches standen aus Gründen der Zensur nicht drin. Immerhin war es schon ein bedeutender Fortschritt, daß die Zensurbehörde es zuließ, diese Zeitungen öffentlich auszulegen. Das war noch lange keine Lockerung in Richtung Pressefreiheit, denn nach wie vor waren die Verleger angehalten, alles vor Drucklegung der Behörde zur Einsichtnahme vorzulegen. Bestenfalls war es eine gewisse „Kaffeehausfreiheit". Diese wurde von einigen Leuten so großzügig ausgelegt, daß sie auch ihre handgeschriebenen und darum nicht durch die Zensur gegangenen „Zeitungen" in den Kaffeehäusern verteilten. So konnte man manchmal dort doch mehr lesen, als man eigentlich durfte. Sehr zum Ärger der Polizei, die ständig auf der Suche nach diesen „falschen Zeitungen" war und den Kaffeesiedern, wenn solche bei ihnen auftauchten, mit dem Entzug der Gewerbeberechtigung drohte.

Auch für den Drucker Peter van Gehlen, der 1724 das „Wiennerische Diarium" gekauft hatte, waren die „falschen Zeitungen" eine unerwünschte, weil für viele Leser interessantere Konkurrenz, die er jedoch nicht auszuschalten vermochte. (Sie verschwand erst unter dem liberaleren Regime Kaiser Josefs II.) Dafür kaufte er die Konkurrenz, den „Mercurius", auf, um ihn noch im gleichen Jahr einzustellen. Auch solche Praktiken, heute eine gängige Art der „Marktbereinigung", waren im damaligen Wirtschaftsleben noch völlig ungewöhnlich.

Die Vorzüge des für Wien neu erfundenen Kaffeehauses, das für ein gehobeneres und geistig interessiertes Publikum mehr zu bieten hatte als jeder andere öffentliche Ort, wußte man bald zu schätzen. Der Franzose Casimir Freschot, der 1704 Wien besuchte, war der erste, der mit Erstaunen über diese sogenannte „Kaffeehausfreiheit" berichtete: „Es ist kaum zu glauben, wie groß die Freiheit ist, die man sich an diesen Stätten nimmt, wo man nicht nur das Verhalten von Generälen und Ministern respektlos durchhechelt, sondern sogar das Leben des Kaisers." („Relation von dem kayserlichen Hofe zu Wien ..., aufgesetzt von einem Reisenden im Jahre 1704", dt. Köln 1705.)

Schließlich fällt noch eine weitere Neuerung in die Geburtsjahre des Wiener Kaffeehauses, die hier heimisch werden sollte: das Billard. Noch im 16. Jahrhundert war es in Frankreich erfunden worden und begann sich im 17. Jahrhundert über ganz Europa zu verbreiten. Die ersten Billardtische waren riesige Platten mit mehreren Löchern, man spielte mit einer roten und 16 elfenbeinernen Kugeln, die zu einer Pyramide aufgelegt wurden. Mit jedem Stoß des Queues mußte eine der weißen Kugeln in eines der Löcher fallen, was durch das Klingeln eines Glöckchens angezeigt wurde.

Die ersten dieser Billards tauchten in den Adelshäusern auf, wo man am ehesten Muße, Platz und Geld für die riesigen und teuren Anlagen hatte. Wohl zu Beginn des 18. Jahrhunderts wurden Billardtische auch in den Kaffeehäusern aufgestellt und fanden großen Anklang beim Bürgertum, das hier nun die gleichen Freuden beim sportlichen Spiel wie der Adel in seinen Palais genießen konnte.

Und leidenschaftliche Spieler sind die Wiener allemal. Hatte sich in den Wirtshäusern das Kegelschieben eingebürgert, so frönte man nun in den Kaffeehäusern dem anspruchsvolleren Billard.

Doch das Spiel am Billardtisch, bei dem es um Geld ging, war der Obrigkeit ein Dorn im Auge, besonders wenn dabei größere Summen gewonnen oder verloren wurden. Dieses Risiko sollte eigentlich der staatlichen Lotterie vorbehalten bleiben.

Denn gar so weit her war es auch nicht mit der „Kaffeehausfreiheit". Den Kaffeesiedern wurden zahlreiche Auflagen gemacht, über deren Einhaltung die Polizei wachte. Es war zwar schwierig, allzu freie Gespräche, etwa Kritik am Kaiserhaus oder den Staatsorganen, zu verhindern, doch es gab eine Reihe anderer Verbote, die leichter zu kontrollieren waren. So etwa das Billardspiel, das nur in Räumen zu ebener Erde und bei geöffneten Fensterläden, durch die es sogar von außen beobachtet werden konnte, erlaubt war.

An Sonntagen war das Billardspielen wie auch das Lesen von Zeitungen und Journalen generell verboten. Auch durften die Kaffeehäuser an Sonntagen erst nach der Messe und dem Mittagessen für die Wiener geöffnet werden. Eine Ausnahme wurde nur für Reisende, die keinen eigenen Haushalt in der Stadt hatten, gemacht. Zeitweise war die Zahl der „Reisenden" an den Sonntagen erstaunlich, weil sich unter die echten gar mancher „Sonntagsreisende" mischte.

Überhaupt nicht aufsperren durften die Kaffeesieder – im Gegensatz zu den Gastwirten – an den Feiertagen. Auch das Nichteinhalten der frühen Sperrstunde um 9 Uhr abends führte ständig zu Beanstandungen durch die Polizeiorgane. Doch das alles sollte der Beliebtheit dieser neugeschaffenen Institution nichts anhaben. Im Gegenteil. Das Wiener Kaffeehaus wurde für mehr als 200 Jahre eine Einrichtung, deren soziale, politische und literarische Bedeutung weit über den gastronomischen Status hinausreichte.

Als ein wichtiges Datum in der Geschichte Österreichs darf der 13. März 1741 gelten; an diesem Tag wurde der älteste Sohn und damit Thronerbe Maria Theresias und Kaiser Franz' I. geboren, der nachmalige Kaiser Josef II. Bereits die Tatsache seiner Geburt weckte bei vielen im Lande neue politische Hoffnungen. Realistisch wurden diese Hoffnungen aber erst 24 Jahre später, als Josef nach dem Tod seines Vaters zum deutschen Kaiser gekrönt und von seiner Mutter zum Mitregenten bestimmt wurde.

In diesem März putzten die Wiener ihre Stadt mit zahlreichen Lichtern, Blumen und Triumphpforten auf. Auch eines der bekanntesten Kaffeehäuser stand nicht an, den künftigen Herrscher gebührend und sichtbar zu begrüßen. Im Fenster des Kramerschen Kaffeehauses in der Schlossergasse zwischen Graben und Goldschmiedgasse hatte der Cafetier ein Bild aufgestellt, das das Kaiserpaar mit dem neugeborenen Knaben zeigte. Auf einem weiteren Gemälde sah man den kleinen Erzherzog auf einem Tisch liegend und neben ihm einen Degen und zwei Pistolen. Darunter stand der Vers:

> Hier liegt mein blankes Schwert
> Und auch ein Paar Pistolen.
> Wer dieses Kind nicht ehrt,
> Den soll der Teufel holen.

Auch der Cafetier Kramer gehörte zu jenen, die von nun an auf bessere Zeiten hofften, doch das sollte noch eine gute Weile dauern. Immerhin gab es für ihn in der Folge unter der Regierung Maria Theresias eine gewisse Lockerung der polizeilichen Beschränkungen: Die Öffnungszeit wurde verlängert, die Sperrstunde wurde mit 23 Uhr festgesetzt, und auch die Einschränkungen beim Billardspiel wurden aufgehoben, so daß Kramer seine Billardtische in einem Salon im ersten Stock aufstellen durfte. Im dunkel getäfelten Parterrelokal lagen dagegen die Zeitungen und Journale auf, die Kramer abonniert hatte. So kam es, daß die „gewöhnlichen" Kaffeehausbesucher meist eine Treppe höher saßen, während die eher politisch und literarisch interessierten Gäste sich unten in der sogenannten „Höhle" trafen.

Hier war man weitgehend unter sich, konnte über dies und das, auch über Verbotenes und Freigeistiges reden, und nicht zuletzt fand man hier auch immer die neuesten handgeschriebenen „falschen Zeitungen", die die Zensur umgangen hatten. Früher als an anderen „öffentlichen" Orten wehte durch die „Höhle" des Kramerschen Kaffeehauses schon der Geist der Aufklärung. Vollends zur „Lesestube" wurde das Parterrezimmer in den siebziger Jahren unter Kramers Nachfolger Michael Hertl, der nun auch ausländische Blätter aus Hamburg, Frankfurt, Köln und sogar eine englische Zeitung abonnierte.

In diesen Jahren entstand hier das erste literarische Kaffeehaus. In den nächsten 200 Jahren sollte es nicht nur in Wien, sondern auch in vielen, anderen geistigen Zentren Europas Nachfolger finden. Daß seine Geburtsstunde gerade in Wien zur Zeit der Regierung Maria Theresias schlug, hatte vor allem politische Gründe.

Kaffeehäuser gab es damals schon seit rund hundert Jahren in den europäischen Metropolen. Ausgehend von Konstantinopel trat das Kaffeehaus seinen Siegeszug über Venedig (1645), London (1652), Marseille (1671), Hamburg (1671) und Paris (1672) bis Wien an. Während es sich aber in den meisten anderen Ländern zu einem eigenen Zweig der bereits bestehenden Gastronomie entwickelte, erwuchs dem Kaffeehaus in Wien schon während seines Entstehens eine Art Sonderstatus. Neben zahlreichen, zum Teil bis heute erhaltenen, traditionellen Unterschieden zwischen einem Gasthaus und einem Café gibt es noch immer

– im Unterschied zu den meisten anderen Ländern – neben der Innung der Gastwirte jene eigene der Kaffeesieder. Die politischen Gründe jedoch, die das Wiener Kaffeehaus zu jenem liberalen Ort machten, an dem sich die geistigen Revolutionäre der Aufklärung und die Freigeister der Revolution zu allen Zeiten begegneten, liegen einerseits in den sogenannten „Kaffeehausfreiheiten" und andererseits in den immer wieder über Jahrzehnte hinweg besonders strengen Bestimmungen und Methoden der österreichischen Zensurbehörden.

Alles, was gedruckt und gelesen werden durfte, bestimmten auch noch zu Zeiten Maria Theresias die von der radikalen Durchsetzung der Gegenreformation geprägten Jesuiten, die allein die Regeln der Zensur festlegten, sie ausübten oder doch wenigstens kontrollierten. Nicht nur der Druck oder die Verbreitung von protestantischer oder antiklerikaler Literatur, sondern allein schon der Besitz solcher Schriften konnte eine Kerkerstrafe oder die Verbannung nach sich ziehen. In solchen Fällen war das Eigentumsrecht aufgehoben, und jeder Geistliche konnte Bücher oder Broschüren konfiszieren. Wer ein Buch kaufte, hatte es innerhalb von vier Wochen seinem Pfarrer vorzulegen, sonst drohte ihm eine Strafe von drei Gulden (Denunzianten erhielten ein Drittel solcher eingenommenen Strafgelder).

Dieses strenge, ja radikale Zensursystem, das die Jesuiten einführten, nachdem ihnen 1623 die Verwaltung der Wiener Universität übertragen worden war, hatte eine erhebliche Beeinträchtigung des geistigen und intellektuellen Lebens in Wien zur Folge, denn auch viele philosophische, wissenschaftliche und natürlich auch literarische Werke fielen dieser Zensur zum Opfer.

Eine erste und einschneidende Änderung führte der Holländer Gerard van Swieten (1700 bis 1772) herbei, den Maria Theresia 1745 als ihren Leibarzt nach Wien berief. Swieten, ein frommer Katholik, aber Gegner der Jesuiten, nutzte bald seinen Einfluß bei der Kaiserin, um manche unsinnigen Zensurbestimmungen zu Fall zu bringen, etwa das Verbot anatomischer Lehrbücher, weil sie angeblich „Nuditäten" enthielten. Schließlich setzte er bei der Kaiserin durch, daß die Prüfung philosophischer und historischer Literatur den Jesuiten entzogen und besonderen Zensurkommissionen übertragen wurde. 1753 wurde in Wien eine

Bücherzensur-Hofkommission gebildet, der von nun an nicht nur alle zum Druck bestimmten Manuskripte vorgelegt werden mußten, sondern auch jene bisher von der Zensur befreiten Schriften der Jesuiten selbst.

Das außerordentliche Verdienst van Swietens, nach 130 Jahren den Einfluß der Jesuiten gebrochen zu haben, war die Voraussetzung für eine neue wissenschaftliche Blüte in Österreich. Diese von ihm selbst durchgesetzte Reform machte es ihm eigentlich erst möglich, die berühmte Wiener Schule der Medizin zu begründen.

Natürlich hatte sich van Swieten, der 1759 selbst die Leitung der Zensurkommission übernahm, zahlreiche Feinde geschaffen. So war es kein Wunder, daß er seinen Einsatz für die Freiheit der Wissenschaften durch strenge Unduldsamkeit auf anderen Gebieten kompensierte und scharfe Zensurmaßstäbe an alles anlegte, was für die Religion, den Staat oder die guten Sitten gefährlich erschien. Immerhin bestand noch die Hälfte der Mitglieder der Kommission aus Geistlichen. Auch vermochte er einen gewissen Einfluß der Jesuiten bei Hofe, insbesondere auf die Kaiserin selbst, nicht ganz auszuschalten. So blieben denn auch weiterhin zahlreiche Bücher und Autoren im Bereich der Philosophie und Literatur verboten. Zu den Werken, die van Swieten selbst in den „Catalogus librorum prohibitorum" (Katalog verbotener Bücher) aufnahm, gehörten u. a. Schriften von Rousseau, Voltaire, Crébillon, Fielding, Sterne, Swift, Boccaccio, Machiavelli, Ariost, Grimmelshausen, Reuter, Wieland und Lessing – eine umfangreiche Auswahl dessen, was heute als „Weltliteratur" gilt.

Kein Wunder, daß der seit 1765 in mehreren Ansätzen erschienene Katalog bei Liebhabern sowohl anspruchsvollerer als auch erotischer Literatur selbst zum gesuchten Sammelobjekt wurde, sozusagen als einziges zuverlässiges Verzeichnis der interessantesten Neuerscheinungen auf dem Buchmarkt. Diese Erkenntnis bewog 1777 die Zensurhofkommission, den Katalog der verbotenen Bücher selbst auf den Index zu setzen.

Daß van Swieten diese Bücher nicht nur aus Taktik, sondern auch aus tatsächlicher Überzeugung verbot, erhellt eine Anekdote, die der Berliner Buchhändler und Schriftsteller Friedrich Nicolai in seiner „Beschreibung einer Reise durch Deutschland und die Schweiz" erzählt:

„Als mein sel. Freund Meinhard, dessen vortreffliche Versuche über die italienischen Dichter allgemein berühmt sind, mit dem Hrn. Grafen Moltke nach Wien kam, wurden ihm, wie allen Fremden, seine Bücher weggenommen. Es waren darunter die Opere di Machiavello und der Emile des Rousseau. Hierüber entstand der größte Lärm, daß sich jemand unterstanden hätte, diese Bücher einzuführen. Meinhard ging selbst zum Freyherrn van Swieten, um ihn nur zu bitten, daß diese Bücher versiegelt und an der Gränze ihm wieder ausgeliefert werden möchten. Aber er erhielt ganz trocken zur Antwort: Die Bücher wären schon verbrannt; und ‚es wäre eine Schande, daß jemand sich unterstände, ein Buch wie den Machiavelli in die Hände zu nehmen‘. Meinhard wollte wenigstens den Emile verteidigen, aber die Antwort war: ‚Reden Sie mir nicht von Rousseau! Der ist ein schlechtes Subjekt!‘ Und nun kam ein so heftiges Schelten auf Rousseau als den verderblichsten Menschen, daß der gute Meinhard, der ohnedies leicht ängstlich ward, sogleich das Zimmer verließ.“

Auch in Preußen und den anderen deutschen Ländern unterlag die Literatur einer Zensur, aber in der Regel wurde sie längst nicht so streng und willkürlich gehandhabt wie in Österreich. Dafür mangelte es den bedeutendsten Dichtern im Norden häufig an Anerkennung und Förderung. Die meisten mußten neben der Schriftstellerei zur Absicherung ihrer Existenz noch einem Brotberuf nachgehen. Die vielen Zollschranken und unterschiedliche Gesetze in den einzelnen Ländern erlaubten Nachdrucke, ohne daß die Autoren davon je einen Pfennig Honorar erhielten. In Österreich waren solche „Raubdrucke“ sogar ganz legal.

Vom Preußen-König Friedrich II., der wenig von der deutschen, aber viel von der französischen Literatur hielt, hatten die deutschen Dichter kaum etwas zu erwarten. Um so mehr hoffte man auf Josef II., als er 1764 zum deutschen König gekrönt wurde. Damals faßte der zwanzigjährige Johann Gottfried Herder all seine Hoffnungen in ein Gedicht an den zukünftigen Kaiser:

O Kaiser, Du von neunundneunzig Fürsten
Und Ständen, wie des Meeres Sand,
Das Oberhaupt, gib uns, wonach wir dürsten,
Ein deutsches Vaterland,
Und ein Gesetz und eine schöne Sprache
Und redliche Religion:
Vollende deines Stammes schönste Sache
Auf deines Rudolfs Thron,
Daß Deutschlands Söhne sich wie Brüder lieben,
Und deutsche Sitt' und Wissenschaft,
Von Thronen, ach' so lange schon vertrieben,
Mit unserer Väter Kraft
Zurückkehren, daß die holden Zeiten,
Die Friederich von ferne sieht
Und nicht beförderte, sich um Dich breiten
Und sei'n Dein ewig Lied.

Neben Lessing, dem seine „Hamburgische Dramaturgie" durch die Verbreitung „dieser Nachdruckerbande" kaum etwas eingebracht hatte, hoffte auch der hochangesehene Klopstock auf Josef II. und entwarf einen „Plan zur Beförderung der Wissenschaften in Deutschland". Darin schlug er u. a. vor, in Wien eine Reichsdruckerei zu gründen, in der alle Werke der deutschen Literatur zentral und zum Nutzen der Autoren erscheinen sollten. Über einen diplomatischen Freund beförderte er diesen „Plan", zusammen mit einer Widmung an den Kaiser, 1767 an den Wiener Hof, wo beides in die Hände des Staatskanzlers Fürst Kaunitz geriet. Dieser legte dem Kaiser lediglich die Widmung vor, für die Klopstock ein Medaillonporträt in Brillanten von Josef erhielt. Von seinem „Plan zur Beförderung der Wissenschaften in Deutschland" hörte der Autor nie wieder etwas.

In Wahrheit war Josefs Verhältnis zu den Literaten eher von Gleichgültigkeit geprägt, wenn er sie nicht gar verächtlich als „Federvieh" bezeichnete und den Handel mit Büchern „ebenbürtig dem Käsehandel" beurteilte. Im Nachdruck von Büchern, den er wie seine Mutter förderte, sah er vor allem einen Industriezweig, mit dem viel Geld umgesetzt werden konnte. Nicht zuletzt war auch das ein Aspekt für die Lockerung der strengen Zensurbestimmungen. Es brach also kein Augusteisches Zeitalter an, wie vor allem die Dichter in Deutschland gehofft hatten, als nach dem Tod Maria Theresias 1780 Kaiser Josef Alleinherrscher wurde. Einen der Gründe für das mangelhafte Kunstverständnis des Kaisers nennt Goethe in einem Brief im April 1781 an Kaspar Lavater: „Dem Kayser gönn ich allen Seegen. Gieb acht! gieb acht! Sein Kopf steht gut. Irr ich nicht sehr; so fehlts am Herzen, das zum grosen Menschen, zur That wie zum Kunstwerck unentbehrlich, und durch Vernunft nicht zu ersetzen ist."

KAISER JOSEF II.

Aber auch wenn das Interesse des Kaisers an Dichtern und Dichtung sehr gering war, sollten seine umfassenden Reformen doch mittelbar die Literatur und das literarische Leben in Wien grundlegend beeinflussen. Von Bedeutung sind in diesem Zusammenhang ein 1781 erlassenes neues Zensurgesetz, die damit einsetzende Flut von aktuelle Themen aufgreifenden Broschüren und das Freimaurerpatent von 1785.

Am Beispiel Preußen hatte Josef erkannt, daß durch Aufklärung und religiöse Toleranz sehr wohl auch neue wirtschaftliche Kräfte zu mobilisieren waren, die bisher durch die Privilegien von Kirche und Adel nicht zum Zuge kommen konnten. In der Förderung der Naturwissenschaften und der Philosophie unter dem von ihm bewunderten Friedrich II. sah er einen der Gründe für den wirtschaftlichen Aufschwung Preußens. „Wissenschaft und Kunst um ihrer selbst willen zu schützen", schrieb 1918 Heinrich Hubert Houben, „kam Joseph gar nicht in den Sinn, er hatte durchaus praktisch-politische Ziele: Vereinfachung der Regierungsgeschäfte durch Zentralisation und Gleichmäßigkeit, Entlastung der Beamten, Verminderung ihrer Zahl und damit Ersparnis an Gehältern, Förderung der einheimischen Industrie auf allen Gebieten und die dafür notwendige Hebung der Volksbildung."

Als dann am 13. Oktober 1781 das neue und ungewöhnlich liberale Zensurgesetz erschien, löste es tatsächlich einen Boom an neuen Druckerzeugnissen und tagesaktuellen Broschüren aus, von dem Verleger, Drucker und der Handel profitierten.

Die Einschränkungen des Gesetzes, die vor allem pornographische Schriften und grobe Verunglimpfungen der Kirche, des Staates oder der Landesfürsten betrafen, waren im Vergleich zur bisherigen Praxis ungewöhnlich gering. Der festgeschriebene Grundsatz war, „Kritiken, wenn es nur keine Schmähschriften sind, sie mögen nun treffen wen sie wollen, vom Landesfürsten bis zum Untersten, sollen, besonders wenn der Verfasser seinen Namen dazu drucken läßt und sich also für die Wahrheit der Sache dadurch als Bürgen dargestellt, nicht verboten werden, da es jedem Wahrheitsliebenden eine Freude sein muß, wenn ihm solche auf diesem Wege zukommt."

Abgeschafft wurde auch die Bücherverbrennung, denn ab sofort sollten die noch oder die neu verbotenen Schriften in die Bibliotheken eingestellt werden, wo sie zwar nicht jedermann, aber wenigstens ausgewiesenen Wissenschaftlern mit besonderer Erlaubnis zugänglich blieben.

Ganz wesentlich war auch eine andere, erstaunlich „modern" anmutende Bestimmung, die die bürokratische Beamtenzensur einerseits einschränkte, andererseits aber auch in ihrer Verantwortung entlastete: „Kein Manuskript, so bestimmte Josephs Gesetz, soll von der Zensurbehörde zur Prüfung angenommen werden, wenn es nicht schon eine Bescheinigung irgendeines sachkundigen Gelehrten oder einer angesehenen Persönlichkeit mitbringt, die bekundet, daß in dem neuen Werk nichts gegen die guten Sitten, die Religion und die Landesgesetze enthalten, ‚dasselbe demnach dem gesunden Verstande angemessen‘ ist. Diesen seinen Vorzensor konnte sich jeder Schriftsteller unter seinen Freunden und Gönnern suchen, er konnte auch mehrere in Anspruch nehmen, wenn ihm die Ansicht des ersten nicht behagte, und da diese frei gewählten Zensoren keinerlei Verantwortung traf, war die Unbefangenheit ihres Urteils gesichert." (H. H. Houben)

Was Josef mit dieser Bestimmung erstmals einführte, ist eine Regelung, die erst sehr viel später in unserer staatsdemokratischen Gesellschaft wieder zum Tragen kommt, die freiwillige Selbstkontrolle.

Auch die Freimaurerlogen, durch die die Ideen der Aufklärung eine besondere Verbreitung und Wirkung erfuhren, profitierten von den liberalen Reformen des Kaisers. Nachdem 1717 die erste Freimaurerloge in London gegründet worden war, breiteten sich deren Ideen, die weitgehend denen der Aufklärung entsprachen, rasch auch auf dem Kontinent aus. In Wien wurde 1742 eine Loge gegründet, die jedoch ein Jahr später unter dem Druck von Kirche und Staat wieder aufgelöst werden mußte. Auch in den folgenden Jahren konnte sich unter der Herrschaft Maria Theresias ein freimaurerisches Leben in Wien und Österreich kaum entwickeln, obwohl ihr Gatte Franz Stephan als Mitglied einer holländischen Loge selbst Freimaurer war. In diesen Jahren war überdies – nicht zuletzt durch das Verbot – die Tätigkeit der Freimaurer nicht immer zu unterscheiden von den Aktivitäten mehr oder weniger verwandter Geheimbünde wie Rosenkreuzer, Illuminaten und zahlreicher Winkellogen.

Im Gegensatz zu seiner Mutter war Josef II. den Freimaurern gegenüber durchaus aufgeschlossen, von denen einige sogar zu seinen engsten Beratern gehörten. 1776 dürfte er sogar erwogen haben, der bedeutendsten Wiener Loge, „Zur wahren Eintracht", beizutreten wie sein Vorbild König Friedrich II., der in Preußen das Amt eines Großmeisters ausübte. Doch die große Zahl der Winkellogen und die Zerstrittenheit und Feindseligkeiten der Logen untereinander hielten ihn vermutlich davon ab. Diese Unübersichtlichkeit der Situation bewog ihn schließlich – auf Zureden des bedeutenden Gelehrten und Naturwissenschaftlers Ignaz Freiherr von Born, des Stuhlmeisters der Loge „Zur wahren Eintracht" –, 1785 ein Freimaurerpatent zu erlassen. Es legalisierte die Arbeit der Freimaurer, schränkte sie aber gleichzeitig erheblich ein. Danach durfte es in jeder Landeshauptstadt nur mehr eine Loge mit höchstens 180 Mitgliedern geben. Deren Versammlungen mußten zuvor der Obrigkeit angezeigt und die Mitglieder jeweils namentlich angegeben werden; Denunzianten wurden sogar ermutigt, verbotene Versammlungen zu melden. Gegenüber dem früheren generellen Verbot der Logen war das zweifellos ein Fortschritt, andererseits stellte es die Freimaurer, deren internationale Kontakte der Kaiser mißbilligte, praktisch unter staatliche Aufsicht.

Betrachtet man die Wiener Literaturszene, wie sie sich in diesen Jahren vor und nach 1780 entwickelte, so zeigt sich bald, wie sehr die Reformen Kaiser Josefs das literarische Leben – wenn auch weitgehend indirekt – beeinflußt haben. Fast alle bedeutenden Schriftsteller des damaligen Wien vertraten die Ideen der Aufklärung – ebenso wie die meisten Gelehrten und Wissenschaftler. So war es nicht verwunderlich, daß viele zugleich auch Freimaurer und Mitglieder der Loge „Zur wahren Eintracht" waren.

Der unverfängliche Ort, an dem man sich begegnete, als die Logenarbeit noch offiziell verboten war, war das Kramersche Kaffeehaus. Hier verabredete man sich oder traf einander zufällig, hier erfuhr man die neuesten Nachrichten und Informationen aus dem In- und Ausland, und nicht zuletzt lagen hier die meisten Zeitungen, die man in der Stadt lesen konnte, auf. In der „Höhle" des Kramerschen Kaffeehauses, die auch Conversationszimmer hieß, diskutierte man heftig über das neueste Pamphlet oder die soeben erschienene aktuelle Broschüre, die die Wiener Verleger Trattner, Kurzböck, van Ghelen, Gräffer oder Wucherer herausgebracht hatten.

Wenig wurde dagegen im Kramerschen Kaffeehaus von der sogenannten schöngeistigen Literatur geredet. Über wen und über welches Werk hätte man da auch diskutieren sollen? Was die Philosophie und die Literatur betraf, lag Wien weit ab von den geistigen Zentren

Europas. Seit vielen Jahrzehnten wurde Literaturgeschichte außerhalb der Grenzen Österreichs geschrieben, und das gleiche galt für die bedeutendsten Werke der Philosophie: Klopstocks „Messias" (1748 bis 1773), Voltaires „Candide" (1759), Rousseaus „Emile" (1762), Wielands „Geschichte des Agathon" (1766), Lessings „Hamburgische Dramaturgie" (1767 bis 1769), Goethes „Leiden des jungen Werther" und sein „Clavigo" (1774), Lessings „Nathan" (1779, Uraufführung 1783), Wielands „Oberon" (1780), Kants „Kritik der reinen Vernunft" (1781) und Schillers Erstlingsdrama „Die Räuber" (1782).

Jetzt, nachdem Josef II. die Zensurgesetze gelockert hatte, wurden diese Bücher wie viele andere auch in Wien nachgedruckt, und der fleißigste Raubdrucker von allen war der k. k. privilegierte Hofbuchdrucker Johann Thomas Edler von Trattnern. Es nützte wenig, daß seine nach den damaligen Gesetzen durchaus legale Handlungsweise auch auf heftige Kritik, insbesondere von prominenten Freimaurern, stieß. So schrieb Freiherr von Born, als Meister vom Stuhl der Loge „Zur wahren Eintracht" Vorbild für den Sarastro in Mozarts „Zauberflöte", u. a. an Trattnern: „Obschon der Nachdruck auswärtiger Bücher in den k. k. Staaten geduldet ist, so bin ich dennoch überzeugt, daß es eine unleugbare und den Fortgang der Wissenschaften höchst nachtheilige Ungerechtigkeit ist, einem Gelehrten oder auch nur einem Verleger sein rechtmäßig an sich gebrachtes Eigenthum durch Nachdruck zu rauben." Und 1784 schrieb Joseph von Sonnenfels: „Wenn Nachdruck ein Beweis patriotischer Gesinnung ist, so muß es Straßenraub, durch den fremde Ware, statt sie zu bezahlen, mit Gewalt genommen wird, nicht weniger seyn ... Ich werde es mit meinen Grundsätzen von Recht und Billigkeit nie vereinigen können, Theil an einer Sache zu nehmen, die ich für eine Beeinträchtigung fremden Eigenthumes halte, so wie ich das Unternehmen, die Ausländer um ihr Eigenthum zu bringen, für die Ehre unseres Vaterlandes schlechterdings nicht patriotisch finden kann."

Es ist ein merkwürdiges Phänomen, daß das erste literarische Kaffeehaus in Wien in einer Zeit entstand, als die Bedeutung der literarischen Szene hier kaum über die österreichischen Grenzen hinausreichte, insbesondere wenn man sich vergegenwärtigt, welchen Bekanntheitsgrad die sogenannten Kaffeehaus-Literaten etwa in der Zeit vor und nach 1900 in Wien erreichten.

Wer waren die Literaten, die sich in der josefinischen Ära im Kramerschen Kaffeehaus trafen? Einer der prominentesten war Aloys Blumauer (1755 bis 1798), von dessen Travestie auf Vergils „Aeneis" Herbert Zeman 1980 behauptet: „Immerhin war Blumauers ‚Aeneis' schon so ziemlich das Beste, was die österreichische Literatur der achtziger Jahre zu bieten hatte." Wie das zu verstehen ist, wird deutlich, wenn er zuvor Goethes vernichtendes Urteil in den „Annalen" von 1820 zitiert: „In eine frühere Zeit jedoch durch Blumauers Aeneis versetzt, erschrak ich ganz eigentlich, indem ich mir vergegenwärtigen wollte, wie eine so grenzenlose Nüchternheit und Plattheit doch auch einmal dem Tag willkommen und gemäß hatte sein können."

Blumauer, im oberösterreichischen Steyr geboren, war nach seinem Studium in Wien ein Jahr lang Jesuit gewesen, wurde schließlich Freimaurer und 1778 in die Zensurhofkommission berufen. Von 1781 bis 1794 war er zusammen mit Josef Franz Ratschky Herausgeber des „Wiener Musenalmanachs". 1793 übernahm er die Gräffersche Buchhandlung, an der er bereits zuvor Anteile erworben hatte.

Wie Blumauer war auch Ratschky (1757 bis 1810) Freimaurer. Nach einem Jus-Studium begann er 1783 eine Beamtenkarriere in der Hofkanzlei. Daneben veröffentlichte er von seinen Zeitgenossen durchaus geschätzte lyrische und dramatische Dichtungen, die zum Teil satirisch und stark von der Aufklärung beeinflußt waren.

Ein enger Mitarbeiter und zeitweise Mitherausgeber des „Wiener Musenalmanachs" war auch der Freimaurer Johann Baptist von Alxinger (1755 bis 1797), promovierter Jurist und von 1794 an Sekretär am k. k. Hoftheater. Er schrieb von Wieland stark beeinflußte Oden, Lieder und Ritterepen.

Auch der Dramatiker und Feldmarschalleutnant Cornelius Hermann von Ayrenhoff (1733 bis 1819) gehörte zu den ständigen Gästen des Kramerschen Kaffeehauses. Beeindruckt vom französischen Klassizismus und als Anhänger Gottscheds bekämpfte er wie dieser die po-

CORNELIUS HERMANN VON AYRENHOFF

puläre Figur des Wiener Hanswurst. Mit seinen patriotischen Bühnenwerken gilt er als Begründer des österreichischen Klassizismus und Vorläufer Grillparzers.

Ein Original war der Dichter Johann Rautenstrauch (1746 bis 1801), wie alle, die sich hier trafen, ein glühender Verteidiger der josefinischen Reformen. Sein bescheidenes Salär als Hofbeamter besserte er auf, indem er für das k. k. privilegierte Hetztheater Programme, sogenannte Hetzzettel, verfaßte. Daneben schrieb er Lustspiele und satirische Sittenschilderungen, wie „Über die Stubenmädchen in Wien" oder „Die Schwachheiten der Wiener".

Schließlich gehörten noch der Magistratsbeamte Martin Joseph Prandstetter, der Hofbibliothekar Gottlieb von Leon und der Lehrer Lorenz Leopold Haschka zur Literaten-Runde in der Schlossergasse. Während Leon und Haschka nach dem Regierungsantritt Kaiser Franz' 1792 ihre aufgeklärt liberale Gesinnung über Bord warfen und sich als „Wendehälse" erwiesen, geriet Prandstetter 1794 in die sogenannte Jakobiner-Verschwörung um den Mathematikprofessor Andreas von Riedel und den Offizier Franz von Hebenstreit und wurde 1795 zu 30 Jahren schweren Kerkers verurteilt.

Diese Literaten, die sich in den achtziger Jahren mehr oder weniger regelmäßig im Kramerschen Kaffeehaus trafen, repräsentierten weitgehend das literarische Wien dieser Zeit, wenn auch die meisten ihrer Werke von der Nachwelt bald wieder vergessen wurden.

Um so erstaunlicher, daß zwei Literaten dieser Jahre, deren Namen uns heute noch am ehesten geläufig sind, in diesem Kreis fehlten: Josef Richter, dessen berühmte „Briefe eines Eipeldauers an seinen Herrn Vettern in Kagran" ab 1785 erschienen, und Lorenzo da Ponte, Librettist Mozarts, der 1781 nach Wien kam und bald darauf zum kaiserlichen Theaterdichter unter Josef II. avancierte.

Von Josef Richter (1749 bis 1813) und seinem Leben können wir uns durch die Schilderungen in den Eipeldauer-Briefen durchaus ein Bild machen. Ihn interessierte weniger das Disputieren über literarische und politisch-ideologische Zustände und Utopien als die Sorgen und Vergnügungen der kleinen Leute. Die zeitkritischen Momentaufnahmen von seinen Streifzügen durch die Stadt sind noch heute amüsant zu lesen und spiegeln ein authentisches Bild des damaligen Wien, das Richter wohl kaum hätte vermitteln können, wenn er die meiste Zeit in ein und demselben Kaffeehaus verbracht hätte.

Auch der venezianische Abenteurer da Ponte (1749 bis 1838 in New York), ein vorübergehend zum Priester konvertierter Jude, war ein eher unruhiger Geist, der mal hier, mal da verkehrte. Heimisch fühlte er sich natürlich in den italienischen Kaffeehäusern, von denen zwei damals zu den bekanntesten in Wien zählten. Da war einmal das Café des aus Ferrara stammenden Johann Evangelist Milani, das dieser 1770 am Kohlmarkt, Ecke Wallnerstraße, eröffnet hatte und das in den achtziger Jahren als das eleganteste von ganz Wien galt. Etwas älter, aber kaum weniger beliebt war das Café des Gianni Tarroni am Graben, der um 1750 als erster in Wien die Erlaubnis erhielt, auch vor seinem Kaffeehaus Tische und Stühle aufzustellen. Seitdem setzten sich die Wiener, wenn sie über den Graben beim Tarroni vorbeiflanierten, gern auf einen Mokka in „Giannis Garten" und übertrugen später diesen Begriff in der wienerischen Form des „Schanigartens" auch auf alle anderen Straßencafés und Gaststätten.

Den Herrn da Ponte, der mit seinen Opernlibretti für die Hofkompositeure Salieri, Weigl und Mozart nicht schlecht verdiente, traf man kaum beim Kramer, wo die Literaten verkehrten, oder im „Rebhuhn" in der Goldschmiedgasse, wo sich die Politiker trafen, viel eher wandelte er auf den Spuren jener, mit denen er am meisten zu tun hatte – den Musikern.

Diese waren – im Gegensatz zu den Dichtern – in der Regel in Wien hoch angesehene

Leute. Wien war schon immer mehr eine Stadt der Musik als der Literatur. Und im Gegensatz zum Literatur-Leben vollzog sich im Wien dieser achtziger Jahre gerade ein bedeutsamer Wandel in der Musik.

Es waren nicht wenig klangvolle Namen, die damals das Musik-Leben repräsentierten: Christoph Willibald Gluck (gestorben 1787), Joseph Haydn (gestorben 1809), Carl Ditters von Dittersdorf (gestorben 1799), Antonio Salieri (gestorben 1825) und vor allem Wolfgang Amadeus Mozart (gestorben 1791). In diese Zeit fiel nicht nur der Beginn der „Wiener Klassik", sondern auch die Erneuerung der Oper, der Wechsel vom italienischen Stil zum deutschen Singspiel, das 1782 mit Mozarts „Entführung aus dem Serail" einen ersten Höhepunkt erreichte.

CORTIS CAFÉSALON PARADEISGARTL

Natürlich verkehrten so angesehene Leute, wie es Musiker damals waren, nicht in kleinen dunklen und eher billigen Kaffee- oder Gasthäusern. Man ging zu Milani am Kohlmarkt oder seiner 1789 eröffneten Limonadenhütte auf der Burgbastei, von den Wienern „Ochsenmühle" genannt, die so hieß, weil ein Teil der Gäste, da es auf der Bastei an Auslaufmöglichkeiten mangelte, ständig um das Zelt herumwandelte. Für einen kleinen Imbiß geeignet war auch die Wein- und Delikatessenhandlung „Zum schwarzen Kamel" des Herrn Partl in der Bognergasse. Feiner noch war ein Restaurant in der Himmelpfortgasse, das seine wahre Blüte allerdings erst in den neunziger Jahren erreichte, als es der Traiteur Ignaz Jahn übernahm. (Heute findet man hier das Café Frauenhuber.)

Für das Wiener Geistes- und Kulturleben war die josefinische Epoche eine Glanzzeit, die auch nach 1792, als unter Kaiser Franz eine stark restaurative Politik einsetzte und jeglicher Liberalismus unterdrückt wurde, letztendlich doch nicht ohne Folgen blieb. Wenn auch ein großer Teil der Reformen wieder rückgängig gemacht wurde, ließ sich manches in der Entwicklung doch nicht mehr ganz aufhalten. Lediglich die politischen Auseinandersetzungen mit Frankreich bis hin zu den Napoleonischen Kriegen und der Besetzung Wiens und deren wirtschaftliche Folgen verzögerten diese Entwicklung. Doch die kulturelle Blüte des biedermeierlichen Wiens hat ohne Zweifel ihre Wurzeln auch in der so vehement vorangetriebenen Aufklärung und im Liberalismus der maria-theresianischen und josefinischen Epoche.

Selbst die Literatur, deren bedeutendste Vertreter Stifter, Lenau, Grillparzer, Raimund und Nestroy wurden, profitierte eine Generation später von ihren literarisch weit weniger wichtigen Vorkämpfern. Die Dramatiker unter ihnen nicht zuletzt auch durch die unter Josef II. begonnene Reform des Theaters, an der der literarisch ja sonst wenig interessierte Kaiser dennoch einen wesentlichen Anteil hatte: 1775 wurden alle Sänger und Tänzer des Burgtheaters entlassen und dieses zur reinen Schauspielbühne und ein Jahr später vom Kaiser zum Hof- und Nationaltheater erklärt. Die von Josef II. ebenfalls 1775 gewährte „Spielfreiheit" hatte die Gründung einer ganzen Reihe neuer Theater in den Vorstädten zur Folge, darunter 1781 das Theater in der Leopoldstadt, 1787 das Freihaustheater auf der Wieden, 1788 das Theater in der Josefstadt und 1789 das Theater auf der Landstraße. Zusammen mit dem Burgtheater, dem ebenfalls bereits bestehenden Kärntnertortheater und mehreren kleineren Theater-Unternehmen in den Vorstädten war Wien Ende des 18. Jahrhunderts – zumindest was die Zahl der Bühnen anging – die Theater-Metropole im ganzen deutschsprachigen Raum.

Auch die unter Josef gewährten Kaffeehausfreiheiten ließen sich in den späteren Jahren nur noch zum Teil einschränken. Bereits um die Mitte des Jahrhunderts begannen unter Maria Theresia die Kaffeehäuser – besonders in den Vorstädten – wie die Pilze aus dem Boden zu schießen. 1780 gab es allein in der Inneren Stadt 32 Kaffeehäuser.

In fast allen konnte man nun auch ohne Einschränkung Billard spielen, selbst an den Sonn- und Feiertagen. Auch das Kartenspiel, dem sich Maria Theresia selbst mit Leidenschaft hingab, war in den Kaffeehäusern weit verbreitet. Man spielte vor allem Tarock, Präference und Whist. In- und ausländische Zeitungen lagen in allen besseren Kaffeehäusern auf, die sich nun auch noch durch eine praktische Erfindung besser studieren ließen. Herr Kramer in der Schlossergasse hatte als erster diesen Zeitungshalter oder Zeitungsspanner eingeführt, den bald die anderen Cafetiers übernahmen. Der Berliner Buchhändler und Schriftsteller Friedrich Nicolai lobte nach seinem Wien-Besuch 1781 die praktische Neuerung: „In den Wiener Kaffeehäusern werden Zeitungen an ein besonderes Brett, worin ein Stab ist, mit dem sie eingeklemmt sind, mit einem Schlosse festgehalten. Solche Bretter liegen wohl ein paar Dutzend herum. Diese Erfindung ist nicht übel, damit die einzelnen Blätter nicht verworfen oder verschleppt werden."

Wenn Nicolai von „ein paar Dutzend" im Spanner herumliegenden Zeitungen spricht, so ist das kaum übertrieben. Schon 1774 erschienen in Wien allein zwanzig Tageszeitungen, Wochen- oder Monatsblätter. Durch die Lockerung der Zensur kamen in den folgenden Jahren zahlreiche neue Zeitungen und Journale hinzu. Allein an Wiener Tageszeitungen wurden zwischen 1782 und 1788 mindestens sieben neue Blätter gegründet, bei den Wochen-, Monats- und unregelmäßig erscheinenden Schriften waren es noch unendlich mehr.

Das Ende all dieser Freiheiten kam nach 1792. Noch 1793 hatte Johann Baptist von Alxinger die „Österreichische Monatsschrift" gegründet, die im Geiste der Aufklärung gegen das wieder aufkommende System von Polizeispitzeln und Denunziantentum kämpfte, das hinter allem und jedem eine jakobinische Verschwörung vermutete.

Auf Grund dieser Lektüre fertigte der Polizeiminister Graf Pergen einen Akt an, in dem er seine grundsätzliche Ablehnung der aufklärerischen Ideen formulierte und begründete: „Die Erfahrung hat gelehrt, daß die Broschurenaufklärung bisher sicher mehr geschadet, als genützt habe, weil durch solche einer Klasse von Menschen, die von allen Kenntnissen entblößt ist, die vorausgehen müssen, um die Dinge im Zusammenhange zu sehen, eine Menge unverdaute Begriffe über Religion, Menschenrechte und Menschenglück beygebracht worden sind, die nun in den Köpfen derselben eine gräßliche Verwirrung anrichten ... Die Bildung der untern Klassen muß verhältnismäßig mit ihrem Stande und ihrer Bestimmung seyn. Wenn der gemeine Mann einen einfachen, auf das Herz wirkenden Religionsunterricht erhält, wenn ihm von den wissenschaftlichen Kenntnissen nur dasjenige beygebracht wird, was ihm in seinem Geschäftsbetriebe zur Beförderung seines bürgerlichen Glücks brauchbar und nützlich ist, so ist er für seine Sphäre aufgeklärt, und diese Aufklärung ist heilsam für ihn, vortheilhaft für den Staat; wird hingegen der gemeine Mann mit Dingen beschäftiget, welche in das Spekulative der Religion und Philosophie einschlagen, so verwirren sich seine Begriffe, er giebt sich mit unnützen Grübeleyen ab, wünscht sich in eine höhere Klasse aufzuschwingen, wird für sich selbst unglücklich und für den Staat gefährlich. Höhere Kenntnisse sollen also nur für jene seyn, welche vermöge ihres Standes bestimmt sind, andere zu leiten ..."

Als im Juni 1794 mehr als dreißig meist bekannte Wiener Bürger als angebliche Jakobiner verhaftet wurden, mußte Alxinger die „Österreichischen Monatshefte" einstellen, um nicht selbst in den Verdacht zu geraten, ein Jakobiner zu sein.

Das gar nicht so beschauliche Biedermeier

*N*och vor der Wende vom 18. zum 19. Jahrhundert brachen für die Wiener politisch schwierige und schließlich auch wirtschaftlich schwere Zeiten herein. 1792 hatte Kaiser Franz, gerade eben sieben Wochen auf dem Thron, den Franzosen den Krieg erklärt. Jetzt war Staatsräson, Vaterlandsliebe und Nationalismus gefragt. Wer sich nur irgendwie als Staatsfeind oder gar Jakobiner verdächtig machte, wurde verfolgt, verhaftet und abgeurteilt. Eine neue General-Zensur-Verordnung beseitigte 1795 die letzten Reste der josefinischen Pressefreiheit, und ein „Hochverratspatent" bedrohte jeden mit der Todesstrafe, der „öffentlich oder in geheimer Gesellschaft" auf eine „gewaltsame Umgestaltung der Staatsverfassung" hinarbeitete.

1795 war auch das Jahr, in dem sich die ersten Anzeichen der kommenden Wirtschaftskrise bemerkbar machten: Am 1. November erhöhten die Wiener Kaffeesieder den Preis für einen „ordinären Kaffee" von drei auf vier Kreuzer; bis zum Jahre 1810 sollte der Preis noch auf 24 Kreuzer steigen. Schlimm für die Wiener und bedrohlich für das bis dahin so blühende Kaffeehausgewerbe. Wurde der Kaffee zuerst teurer, wurde er bald auch knapp, und zuletzt gab es von 1810 bis 1813 überhaupt keinen Kaffee mehr durch die von Napoleon 1806 verhängte Kontinentalsperre.

Im Grunde hätte das das Aus für die Wiener Kaffeehäuser bedeuten müssen, aber sie hatten sich längst so institutionalisiert, daß sie auch diese Krisenzeiten überstanden. Außerdem gab es ja noch viele andere Dinge, die man im Kaffeehaus zu sich nehmen konnte, auch wenn diese ebenfalls teurer und oft auch rarer geworden waren.

Im Kampf mit den Franzosen zeigte sich 1796, daß das Kriegsglück nicht unbedingt auf der Seite der Österreicher war. Von Italien aus drang Napoleon immer mehr gegen Norden vor, und in Wien überlegte man sich, wie der Patriotismus der Österreicher noch mehr anzustacheln wäre. Da beauftragte der niederösterreichische Regierungspräsident Graf Saurau im Oktober 1796 Joseph Haydn mit der Komposition einer „Kaiserhymne". Den Text bestellte er bei dem Lyriker Lorenz Leopold Haschka (1749 bis 1827), in früheren und besseren Zeiten einmal Freimaurer wie Saurau selbst. Haschka hatte seit Anfang der siebziger Jahre zu dem Kreis der Literaten und Verfechter der josefinischen Aufklärung im Kramerschen Kaffeehaus gehört, sich dann aber 1792 eine patriotische und kaisertreue Gesinnung zugelegt.

Anfang Februar 1797 wurden Text und Noten gedruckt und sogleich an alle Theater und Opernhäuser der Monarchie verteilt. Schon am 12. Februar erklang im ganzen Reich die neue Hymne „Gott! Erhalte Franz den Kaiser". Für diesen selbst, seine Familie und die Angehörigen des Hofes hatte das „Volkslied", wie Haydn es bezeichnet hatte, an diesem Abend im Burgtheater Premiere. Auch wenn die Haydn-Haschka-Hymne großen Anklang fand und rasch populär wurde, das Kriegsglück brachte sie den Österreichern dann doch nicht.

Sechs Jahre später, das neue Jahrhundert war bereits drei Jahre alt, verlangten die Wiener Kaffeesieder bereits acht bis neun Kreuzer für ihren Kaffee, und man konnte froh sein, wenn es tatsächlich echter Kaffee war. In Preußen, wo der Kaffee ebenfalls knapp geworden war, hatte ein findiger Mann namens Ohlde entdeckt, daß man aus der Wurzel der Wegwarte, auch Zichorie genannt, nach entsprechender Behandlung ein kaffeeähnliches Getränk brauen konnte. Doch vorerst gelang es ihm nicht, mit seiner Fabrikation von Zichorienkaffee auch nach Österreich zu expandieren.

Hier versuchte man es erfolgreich mit gebrannter Gerste, der einige Erzeuger auch noch andere, zum Teil merkwürdige, Ingredienzien zusetzten. Solchen Ersatzkaffee gab es bereits seit den achziger Jahren des 18. Jahrhunderts. Weil er billiger war, tranken ihn die armen Leute zu Hause, aber auch die fliegenden Kaffeehändler boten ihn auf der Straße an.

Nun zog der „Feigenkaffee" auch in die Kaffeehäuser ein. Manche Kaffeesieder mischten ihn unter den echten, andere versuchten, aus der Not eine Tugend zu machen, und boten ihn als „Café sain" (Gesundheitskaffee) an. Doch selbst wenn der Kaffee nun kein Kaffee mehr war, blieb doch das Kaffeehaus, was es immer gewesen.

Wie populär diese Institution auch in diesen schweren Zeiten war, beweist ein Stück, das 1803 am Theater in der Leopoldstadt Furore machte. Es hieß „Kasperls neuerrichtetes Kaffeehaus oder Der Hausteufel" und stammte von dem damals ebenso erfolgreichen wie fruchtbaren Theater-Dichter Joachim Perinet. Erfolgreich war es aber vor allem durch den „Kasperl" des populären Johann La Roche, einem späten Nachfahren des von Josef Anton Stranitzky in Wien kreierten „Wurstel". Die Musik zu dieser „komischen Oper", die eigentlich ein Singspiel war, schrieb jener Wenzel Müller, dessen Musik wir heute noch aus Ferdinand Raimunds späteren Stücken „Der Barometermacher auf der Zauberinsel", „Die gefesselte Phantasie" und „Der Alpenkönig und der Menschenfeind" kennen. Perinet jedoch erweist sich mit seinem zeitkritischen Text bereits als ein Vorläufer Nestroys. So erhält beispielsweise Kasperl als Betreiber seines neuerrichteten Kaffeehauses den folgenden Rat:

> Kaffee trinkt gern die ganze Welt,
> Besonders 's schöne G'schlecht,
> Jetzt aber reißt er stark ins Geld.
> Das ist nicht allen recht.
> Nimm gelbe Rubn, Zichori rein,
> Und gieß ein Wasser auf,
> Und schreib, wirfst du auch Ziserln (Erbsen) ein,
> „Kaffee der Mode" drauf ...

Ganz Wien lachte über den Schwank, und zwar weniger über die Handlung als über die treffenden Anspielungen auf die damaligen Zustände in Wien. Überdies war La Roches Kasperl eine so populäre Figur, daß die Wiener das Siebzehnkreuzerstück, das man für einen Parterresitz im Theater erlegen mußte, ein „Kasperl" nannten.

DER NEUE MARKT UM 1900

Im November 1805 besetzt Napoleon mit seinen Truppen Wien. Der Franzosen-Kaiser nimmt zwar in Schönbrunn Quartier, doch die Wiener bekommen ihn in diesen Wochen nie zu Gesicht. Dafür geht neugierig jeder, der es sich noch leisten kann, auf einen Kaffee zu Herrn Wirschmidt, der auf Nummer 3 am Neuen Markt ein Kaffeehaus betreibt. Die Attraktion, die Herr Wirschmidt zu bieten hat, ist sein zweiter Marqueur Tonl, der mit entsprechender Frisur und Adjustierung dem Bonaparte wie ein Zwillingsbruder gleicht. Tonl, mit Napoleonlocke, Weste und grüner Schürze, hilft den Gästen aus dem Mantel, bringt ihnen die Journale und kassiert.

Die Gäste wissen die Ironie der Situation zu schätzen. Die Wiener sind gegen Napoleon und die französische Besatzung, mehr noch als er vier Jahre später wieder die Stadt besetzt, sie diesmal mit Gewalt erobert. Die Preußen und die Bayern kollaborieren mit ihm, und die anderen deutschen Staaten und Fürstentümer hängen mehr oder weniger von seiner Gnade ab. Nur die Österreicher kämpfen noch immer gegen Napoleon, wenn sie auch meistens verlieren.

Wie die Ratten das sinkende Schiff hatten 1806 die deutschen Fürsten das Reich verlassen, und Kaiser Franz war gezwungen, die deutsche Kaiserkrone niederzulegen. Seitdem sahen die deutschen Patrioten in Österreich den einzigen Hort des Widerstandes gegen den Eroberer. Und Wien war und blieb auch während der Franzosenzeit das Zentrum dieses Widerstandes. Genaugenommen war dieses Zentrum sogar das Café Wirschmidt am Neuen Markt. Hier begegneten die in Sachen Patriotismus aus den deutschen Ländern angereisten Intellektuellen und Literaten dem geistigen Widerstand der Donau-Metropole. Es war in diesen Jahren das bedeutendste literarische Kaffeehaus im ganzen deutschen Sprachraum.

Einer der wichtigsten Gäste bei Herrn Wirschmidt war der promovierte Jurist, Journalist und Dramaturg Joseph Schreyvogel (1768 bis 1832). Er hatte einige Zeit in Weimar, in der Nähe Goethes, gelebt, ehe er 1797 wieder nach Wien zurückkehrte. Er kannte wie kaum jemand in Wien die geistigen und literarischen Strömungen in Deutschland und gründete 1807 hier das „Sonntagsblatt", eine Zeitschrift, die dem Streit zwischen Aufklärung, Klassik und

Romantik ein breites und offenes Forum bot. 1814 wurde er Dramaturg am Burgtheater, dem er durch Spielplangestaltung und einen wesentlichen Einfluß auf seinen Darstellungsstil zu seiner überregionalen Bedeutung verhalf.

Oft traf sich Schreyvogel hier mit dem Dramatiker und Burgtheater-Regisseur Joseph Ludwig Stoll (1777 bis 1815). 1808 gründete dieser mit dem gerade aus Weimar nach Wien gekommenen Württembergischen Regierungsrat und Literaten Leo von Seckendorff die Zeitschrift „Prometheus" nach dem Vorbild von Schillers „Horen". Sie existierte nur ein Jahr. Als der erfolglose Dramatiker Stoll kurz nach dem Wiener Kongreß mit nur 38 Jahren völlig verarmt starb, widmete ihm Ludwig Uhland sein Gedicht „An einen verhungerten Dichter".

Zu den Stammgästen am Neuen Markt gehörte auch der Finanzbeamte und Freiheitsdichter Heinrich Joseph Collin (1771 bis 1811), für dessen Drama „Coriolan" Beethoven seine bekannte Ouvertüre geschrieben hatte. Wegen seines patriotischen Zyklus „Lieder österreichischer Wehrmänner" floh er 1809 vor den Franzosen aus Wien. Auch der jüngste in dieser Runde, Ignaz Franz Castelli (1781 bis 1862), floh 1809 wegen seiner „Wehrmannlieder" vor den Franzosen nach Ungarn. Ursprünglich Beamter, gab er mehrere Unterhaltungs-Journale heraus, schrieb und bearbeitete mehr als 200 Dramen, Lustspiele und Opernlibretti, war lange Jahre Korrespondent der Dresdner „Abendzeitung" und wurde 1847 auch

IGNAZ FRANZ CASTELLI

der Gründer des Wiener Tierschutzvereins. Bis zu seinem Tode spielte er eine bedeutende Rolle im literarischen Leben Wiens, nicht zuletzt als Initiator der gesellschaftlich-literarischen Vereinigung „Ludlamshöhle", über die noch zu berichten sein wird.

Betrachtet man – aus heutiger Sicht – den Nachruhm dieser ehrenwerten Wirschmidt-Runde, so unterscheidet sie sich nicht wesentlich von der der Literaten, die zwanzig oder dreißig Jahre zuvor im Kramerschen Kaffeehaus verkehrten. Was mag so bekannte Besucher und „Romantiker" wie August Wilhelm und seinen Bruder Friedrich Schlegel, Joseph von Eichendorff, Ludwig Tieck, Clemens Brentano, Theodor Körner oder andere bewogen haben, die heute weitgehend vergessenen Herren im Wirschmidtschen Kaffeehaus zu treffen?

Es war in erster Linie der Geist des Widerstandes und die Idee der nationalen Freiheit, der von allen mitteleuropäischen Staaten noch am ehesten in Österreich und in Wien zu spüren war. In der neuen geistig-literarischen Bewegung der Romantik gab es zwei Strömungen, denen gerade Österreich entgegenkam, eine religiös-katholische und eine national-patriotische. Ausgerechnet in Wien manifestierte sich diese neue literarische Richtung, zu der die Wiener selbst kaum mehr beizutragen hatten als die Agora, den Platz der Begegnung, das literarische Kaffeehaus.

Es ist vielleicht wichtig, hier daran zu erinnern, daß das literarische Kaffeehaus in Wien nicht für die Literatur erfunden wurde, sondern durch äußere Zwänge und Gegebenheiten sich als Ort herausbildete, an dem sich vorzugsweise Literaten und verwandte Seelen zwanglos begegneten. Mit der „Literatur" dort verhält es sich ähnlich wie mit dem Kaffee: Ins Kaffeehaus gehen vorzugsweise Leute, die durchaus etwas von Kaffee verstehen, aber das besagt noch lange nicht, daß sie dort auch Kaffee trinken. Nicht die Literatur und das literarische Gespräch machen es aus, sondern die Literaten und Dichter, die dort sitzen. Das unterscheidet das literarische Café inWien ganz wesentlich von seinen ernsteren und konsequenteren Nachfolgern in Berlin oder Prag. Das heißt nicht, daß man in Wien im Café nicht auch literarische Fragen diskutieren würde, wie man auch einen kleinen Schwarzen statt einem Achterl Wein bestellt. Aber natürlich kann man in einer so angenehmen geistigen Atmosphäre auch Billard, Tarock oder Schach spielen. Beispiele wie etwa den leidenschaftlichen Tarockierer Alfred Polgar findet man in Wien ohne Mühe.

Das Wiener Kaffeehaus hatte also – auch in seiner „literarischen" Ausprägung – zuerst immer eine gesellschaftliche Funktion. Diese Unverbindlichkeit war zugleich Schutz vor jeder möglichen politischen oder polizeilichen Restriktion und Verfolgung. Denn jeder geistige oder ideologische Klub oder Cirkel, wie es etwa die Freimaurer waren, geriet damals leicht in den Verdacht der Geheimbündelei und setzte sich sofort der Bespitzelung durch die Behörden aus.

Es war eine glückliche Fügung, daß in diesem ersten Jahrzehnt des 19. Jahrhunderts der Geist des Nationalismus und Katholizismus, der durch Wien und seine Kaffeehäuser wehte, ganz auf der Linie der Staatsräson lag. Liberalismus bedeutete damals nationales Selbstgefühl und Befreiung vom napoleonischen Joch.

Das war es auch, was die deutschen Dichter und Intellektuellen, die nach Wien kamen, hier suchten und fanden. 1806 reiste August Wilhelm Schlegel an, um hier seine berühmten „Vorlesungen über dramatische Kunst und Literatur" zu halten – nicht etwa an der Universität, sondern in „Jahns Traiteurie" in der Himmelpfortgasse 6, jenem Haus, in dem sich noch heute das Café Frauenhuber befindet. Auch August von Kotzebue, Heinrich von Kleist, Justinus Kerner und Zacharias Werner kamen damals nach Wien.

Sie verkehrten aber nicht nur beim Wirschmidt am Neuen Markt, bei Ignaz Jahn in der Himmelpfortgasse, dem „Café Bogner" in der Singerstraße oder im „Grünen Anker" in der Grünangergasse. Seit 1804 traf man sich auch im Haus des Regierungsrates Andreas Pichler und seiner Gattin Karoline. Diese führte dort einen „Salon", in dem sich das geistige Wien traf. Karoline Pichler (1769 bis 1843) war selbst Schriftstellerin, verfaßte mehrere patriotisch-historische Romane und einige weniger erfolgreiche und etwas steife Dramen, die am Burgtheater aufgeführt wurden. Ihre 1844 veröffentlichten vierbändigen „Denkwürdigkeiten aus meinem Leben" sind ein aufschlußreiches Zeugnis des literarischen und politischen Geschehens im damaligen Wien.

Nicht weniger und vor allem bei den zugereisten Deutschen beliebt war der „Salon" der Fanny Arnstein. Die bildhübsche Fanny, eine geborene Itzig, stammte aus Berlin und hatte in Wien den einflußreichen und 1795 in den Freiherrenstand erhobenen Bankier Adam Arnstein geheiratet. Bei ihren Dienstags-Soireen gab es weniger literarische Gesprächsthemen wie bei Karoline Pichler als politische Diskussionen.

Aufmerksam verfolgte denn auch die Polizei, wer im Hause Arnstein ein und aus ging. Die registrierten Personen ließen auf gefährliche Einflüsse der Freimaurer und auf preußische und deutschnationale Umtriebe schließen, so daß sich der damalige Polizeidirektor Franz Freiherr von Siber 1810 entschloß, dem Kaiser höchstselbst Bericht zu erstatten. Immerhin hatte der österreichische Botschafter in Paris, Metternich, mit Napoleon gerade ein Stillhalteabkommen getroffen, und nun wollte man nicht in den Geruch einer wie immer gearteten Verbindung zu Preußen geraten. Andererseits war das Bankhaus Arnstein & Eskeles eines der einflußreichsten in Österreich und zählte zudem zu den größten Gläubigern des Kaiserhauses. Deshalb ging die Sache so aus, daß Siber seine Beobachtungen zwar fortsetzte, aber in keiner Weise etwas gegen diese „Umtriebe" unternahm.

Diese neuen gesellschaftlichen und literarischen Salons, wie es sie zuvor schon in Paris und Berlin gegeben hatte, bereicherten in den folgenden hundert Jahren das geistige und künstlerische Leben Wiens, zumeist verbunden mit dem wesentlichen Aspekt eines neuen, von der Aristokratie getragenen Mäzenatentums. Erst mit dem Weltkrieg 1914/18 und dem Ende der Monarchie verlor diese kulturhistorisch und gesellschaftlich wichtige Einrichtung ihre Bedeutung.

Vom 18. September 1814 bis zum 9. Juni 1815 war die Donau-Metropole Schauplatz eines internationalen hochpolitischen Ereignisses, des Wiener Kongresses. Ungezählte Berichte überliefern, welch glanzvolles Ereignis – auch in gesellschaftlicher Hinsicht – diese Zusammenkunft zahlreicher gekrönter Häupter und der fast 500 Diplomaten aus ganz Europa war. Bälle, Redouten, Soireen, Schlittenfahrten und Festivitäten aller Art bestimmten die Tagesordnungen der Kongreß-Teilnehmer fast mehr als die offiziellen Verhandlungen. Doch die geschickte und erfolgreiche Diplomatie Österreichs in diesen Monaten beruhte nicht zuletzt auf einem ausgeklügelten und lückenlosen Spitzelsystem, dem alle und jeder ausgeliefert waren. Staatskanzler Metternich, der als Präsident des Kongresses die Fäden fest in der Hand hielt, wußte in diesen Wochen und Monaten wohl einzusetzen und zu nutzen, was Kaiser Franz bereits im Jahre 1805 in einer Resolution bestimmt hatte:

„Da es in bezug auf die diplomatische Staatspolizei jetzt mehr als jemals darum zu tun ist, die Handlungen, Verbindungen und Äußerungen der fremden, an meinem Hoflager aufgestellten Gesandten und der übrigen zum diplomatischen Korps gehörigen Personen sowie der ab- und zureisenden Fremden genau zu beobachten und ihre Korrespondenz sowohl im In- wie im Ausland fortwährend im Auge zu halten, so müssen zur Erreichung dieser wichtigen Zwecke notwendig ausgiebigere Mittel als bisher angewendet, und der zu ihrer Bestreitung erforderliche Aufwand muß, insoferne ohne denselben die Erreichung des Zwecks untunlich ist, nicht gespart werden. Es müssen sich demnach in jedem Haus der ausgezeichneten fremden Gesandten ein oder ein paar im Solde der Polizei stehende Leute befinden, welche von den gewöhnlichen Ereignissen Bericht erstatten ...“

Weiters verlangte der Kaiser, daß auch höhergestellte Personen, die geeignet waren, sich das Vertrauen der zu Bespitzelnden zu erwerben, sich in den Dienst der Sache stellen sollten. Überdies sollte das Spitzelsystem auch Anwendung finden „in den vorzüglichsten Gasthäusern sowie wenigstens in jenen Privathäusern, wo besonders von Fremden besuchte Monatsquartiere vermietet werden". (Die katastrophale Situation in den meisten Wiener Gasthöfen bewog Fremde, die länger in der Stadt bleiben wollten, sich lieber in Privathäusern für die Dauer ihres Aufenthaltes einzumieten.)

Dieses überspannte Spitzelsystem mag der Grund gewesen sein, daß sich an allen öffentlichen Orten, inklusive den Kaffeehäusern, die Wiener und ihre Gäste ausschließlich den gebotenen Vergnügungen hingaben. Jene Kaffeehäuser, die noch vor wenigen Jahren Schauplatz intellektueller und politischer Diskussionen gewesen waren, blieben mehr oder weniger auf ihren ursprünglichen gastronomischen Zweck beschränkt. Und glaubt man den zeitgenössischen Berichterstattern, so war in der Zeit des Wiener Kongresses Literatur am wenigsten gefragt.

Anders war es mit den Theaterleuten, die sehr wohl die Kaffeehäuser Wiens bevölkerten. Einer von ihnen, Schauspieler am Theater in der Leopoldstadt, ahnte noch nicht, daß ihn die Nachwelt einmal als einen der bedeutendsten Dramatiker Wiens verehren sollte: Ferdinand Raimund (1790 bis 1836). Ursprünglich Zuckerbäcker, hatte er in seiner Jugend als „Numero" Erfrischungen und Süßigkeiten an das Publikum des Burgtheaters verkauft und dabei selbst Lust auf den Beruf des Schauspielers bekommen. Als solcher verdingte er sich nach 1808 bei Wandertruppen in Preßburg und Ödenburg und wurde 1814 von dem Theaterdirektor und Dramatiker Joseph Alois Gleich nach Wien ans Theater in der Josefstadt engagiert. 1817 wechselte er an das Theater in der Leopoldstadt. In kürzester Zeit wurde der Schauspieler Ferdinand Raimund zu einem Liebling des Wiener Publikums.

Privat genoß Raimund dagegen einen weniger guten Ruf; er war launisch und aufbrausend, und seine Liebeshändel und Affären waren immer wieder Gegenstand des Theaterklatsches. Ein Verhältnis mit der Leopoldstädter Schauspielerin Therese Grünthal führte sogar zu einem Eklat. Die Grünthal, die eines Tages in seine Wohnung eingezogen war, verließ ihn acht Tage später wegen seines „aufbrausenden und groben Charakters". Bald darauf überraschte Raimund sie im Parterre des Theaters mit einem anderen Liebhaber. Es kam zu einer Auseinandersetzung, bei der er ihr zuerst Ohrfeigen antrug und sie schließlich mit einem Stock verprügelte. Von dieser Affäre zeugen nicht weniger als drei Polizeiprotokolle vom 21. und 30. Mai und vom 1. Juni 1818. Die „Geschichte" trug Raimund drei Tage verschärften Arrest ein und das Verbot, wegen „seines unordentlichen Betragens" das Parterre des eigenen Theaters zu betreten.

Zu dieser Zeit gab es nahe der alten Schlagbrücke am Leopoldstädter Ufer vier beliebte Kaffeehäuser, die auch von den Mitgliedern des nahe gelegenen Theaters gern besucht wurden: die Cafés Stierböck und Jüngling, das Hugelmannsche Kaffeehaus und am Beginn der

Taborstraße das Kaffeehaus des Ignaz Wagner. Schon Josef Richter hatte den Kaffee des Herrn Hugelmann gelobt, weil es bei ihm keinen „Zizerl- und Zikorienkaffee" gäbe; Berühmtheit erlangte das Hugelmannsche Kaffeehaus jedoch als Hohe Schule der Billardspieler.

Wieviel Wert damals die Kaffeehäuser auf eine großzügige und luxuriöse Ausstattung legten, dafür war das Kaffeehaus des Herrn Wagner ein Beispiel, wo sich in zahlreichen, kostbar gerahmten Spiegeln die Marmorsäulen vervielfachten. Obwohl seine Frau Theresia, Tochter des Weinhändlers und Schottenfelder Hausbesitzers Schweiger eine beachtliche Mitgift in die Ehe gebracht hatte, nahm er noch eine Hypothek von 21.000 Gulden auf, um sein Etablissement auch mit erlesenen Seidentapeten und kostbaren Uhren auszustatten.

Das war nun schon eine Weile her. Die Geschäfte waren so gut gegangen, daß Wagner sich im Prater das Zweite Kaffeehaus an der Hauptallee gekauft hatte. (Sein Konkurrent, der Cafetier Johann Jüngling war Besitzer des Ersten Kaffeehauses.) Von Wagners 15 Kindern, von denen allerdings acht früh gestorben waren, hatte die zweitälteste Tochter, die zwanzigjährige Antonie, 1819 die Funktion der Sitzkassiererin übernommen und lernte in diesem Jahr auch den jungen Schauspieler Ferdinand Raimund, der hier oft Gast war, kennen.

Im April gestand dieser ihr seine Liebe, und als er merkte, daß auch sie ihm mehr als nur Wohlwollen entgegenbrachte, hielt er im folgenden Winter ganz offiziell bei den Eltern Wagner um ihre Hand an. Doch Theresia Wagner erinnerte sich sehr wohl noch an die Grünthal-Affäre, und überdies war auch ein erfolgreicher Komödiant nur ein Komödiant und eigentlich nicht standesgemäß. Kurz: Raimund bekam einen Korb.

Wie sehr er sich solche Rückschläge im Leben zu Herzen nahm, berichtet Eduard von Bauernfeld in seinen „Erinnerungen an Alt Wien". In sehr jungen Jahren, so erzählte ihm Raimund, habe er sich einmal aus Verzweiflung über die Untreue einer Geliebten in die Raab gestürzt. „Nun", meinte Bauernfeld, „aber Sie blieben doch zuletzt am Leben." – „Ach Gott", seufzte Raimund, „man kann sich doch nicht in einem fort umbringen."

Diesmal sprang Raimund nicht in die Raab und auch nicht in die Donau, sondern er begann ein neues Liebesverhältnis mit seiner Kollegin Luise Gleich. Diese Schauspielerin und

FERDINAND RAIMUND

FRANZ GRILLPARZER

Soubrette war die Tochter des Josefstädter Theaterdirektors Gleich, der Raimund seinerzeit aus der Provinz nach Wien geholt hatte. Inzwischen hatte sie dank Raimunds Fürsprache ebenfalls ein Engagement am Theater in der Leopoldstadt bekommen. Als Luise ihm bald darauf unter Tränen gestand, daß sie von ihm ein Kind erwarte, ließ sich Raimund dazu hinreißen, ihr die Ehe zu versprechen.

In Wahrheit war die damals zwanzigjährige Luise Gleich keineswegs die unschuldig Verführte, als die sie sich jetzt darstellte. Als Vierzehnjährige hatte sie beim Ballettmeister des Theaters an der Wien, Horschelt, getanzt und dabei Fürst Alois Kaunitz-Rietberg kennengelernt. Dieser Förderer des Horscheltschen Kinderballetts war in Wiener Adelskreisen dafür bekannt, daß er bereitwillig amouröse Begegnungen mit den Ballettelevinnen vermittelte und auch selbst den minderjährigen Schönheiten zugetan war. 1819 gab es bereits polizeiliche Erhebungen, die dann ein Jahr später zur Einstellung des Kinderballetts führten. Aus diesen Polizeiakten ist bekannt, daß es noch im März und April 1819 zu Begegnungen zwischen Fürst Kaunitz und Luise Gleich gekommen war.

Gleichwohl nahm Vater Gleich den „Mädchenschänder" Raimund empört bei seiner Ehre und setzte für den 4. April 1819 die Hochzeit an. Als Raimund, der wohl wußte, wie übel man ihm mitspielte, an diesem Tag nicht in der Kirche erschien, kam es zu einem Skandal. Nach offizieller Lesart hatte da ein Publikumsliebling einer ebenso beliebten Schauspielerin die Ehe versprochen und sie dann – noch dazu in letzter Minute vor dem Traualtar – sitzen gelassen.

Kaum betrat Raimund am folgenden Abend die Bühne des Leopoldstädter Theaters, empfing ihn ein Pfeifkonzert des Publikums, das ja die Hintergründe nicht kannte. Die Verzweiflung über diesen eindrucksvollen Protest bewog Raimund, am 8. April doch die Trauung zu vollziehen.

Die Ehe mit Luise wurde bald wieder geschieden. Mit der Cafetierstochter Toni Wagner verband den Dichter später eine innige Freundschaft, die allerdings wegen der damaligen Gesetze nicht zu einem zweiten Ehebund führen konnte.

Auch mit den Eltern Wagner söhnte sich Raimund schließlich aus. 1830, er war inzwischen ein erfolgreicher und sogar wohlhabend gewordener Dramatiker, zog er sogar mit seiner Toni in eine gemeinsame Wohnung ins Wagnersche Haus an der Taborstraße. 1834 kaufte er in Niederösterreich das Gut Gutenstein, auf dem die beiden zuletzt lebten. Zwei Jahre später, nachdem ihn ein Hund gebissen hatte, setzte er aus Angst vor Tollwut seinem Leben ein Ende.

In den letzten Jahren war er immer wunderlicher und menschenscheuer geworden. Als ihn eines Tages Grillparzer auf einem Ausflug mit Freunden in Gutenstein besuchte, kam ihm Raimund mit wirrem Haar, schmutzigen Kleidern, einer Feder hinter dem Ohr und in der Hand Papier und Tintenfaß aus dem Wald entgegen. „Ja, wie sehen denn Sie aus?" fragte Grillparzer bestürzt. „Wie soll ich schon ausschaun", erwiderte Raimund, „wenn ich alleweil auf die Bäum' sitz und dicht."

Toni Wagner wurde Alleinerbin des nicht unbeträchtlichen Vermögens. Doch einige Jahre später kamen ihre Eltern durch eine leichtfertige und nun fällig gewordene Bürgschaft in finanzielle Schwierigkeiten, die trotz des Geldes der Tochter zum Konkurs führten. Das Kaffeehaus wurde geschlossen, und 1841 starb Ignaz Wagner im Alter von 79 Jahren. Toni Wagner lebte völlig zurückgezogen noch fast dreißig Jahre, von ihren Geschwistern unterstützt.

In das Kaffeehaus an der Taborstraße, das inzwischen von einem Herrn Lindwurm geführt wurde, war sie nie wieder gekommen.

Lange Jahre blieb der von Toni sorgsam gehütete Nachlaß Ferdinand Raimunds verschollen. Eines Tages kaufte sich der junge Wiener Bankbeamte Benjamin Schier, der hie und da schon kleine literarische Beiträge in Wiener Zeitungen untergebracht hatte, bei einem Greißler ein Gabelfrühstück. Als er es aus dem Papier wickelte, stellte er fest, daß dieses voll beschrieben war. Es handelte sich um einen Brief Raimunds an Toni Wagner. Der Greißler bestätigte, daß er einen Packen beschriebenes Papier von einem Hausmeister erhalten hatte. In dessen Haus hatten zwei alte Schwestern Tonis gewohnt. Diese hatten zuvor nur einen Teil davon an den Antiquar Einsle verkauft, von dem sie 1871 die Wiener Stadtbibliothek um 71 Gulden ersteigerte. Auf diese Weise ist ein Teil des Nachlasses als Einwickelpapier für Wurst- und Schinkensemmeln unwiederbringlich verlorengegangen.

WAGNERS KAFFEEHAUS IM PRATER

Die zwanziger Jahre des 19. Jahrhunderts brachten Wien eine alle Lebensbereiche umfassende kulturelle Blütezeit, an der erstmals auch die bürgerliche Schicht wesentlichen Anteil hatte. Seit dem Wiener Kongreß verfolgte Staatskanzler Metternich eine streng absolutistische Regierungsform, die praktisch von allen gesellschaftlichen Einflüssen losgelöst war. Jede politische Aktivität oder auch nur Artikulation war verboten und wurde – oft genug in willkürlicher Weise – verfolgt. Was den Wienern blieb und was sie, zum Teil – weil politisch harmlos – von oben gefördert, auch zu nutzen wußten, waren alle Arten des Vergnügens und der „reinen" Kunstausübung.

Ein ungewöhnlich geselliger Lebensstil wurde gepflegt. Man veranstaltete Bälle und Feste aller Art, man traf sich auf Promenaden, in Salons, Kaffeehäusern und zahlreichen neu entstandenen und luxuriös und großzügig ausgestatteten Vergnügungsetablissements, beim Sperl, beim Schwender oder im Apollo-Saal – um nur einige zu nennen. Theater und Musik als geselligste Veranstaltungen der Kunst nahmen im Leben der Wiener, und zwar nahezu aller Schichten, einen besonders breiten Raum ein. Auch wenn sie in erster Linie der Unterhaltung dienten, gaben sie Dramatikern wie Schauspielern, Komponisten wie Interpreten doch die Möglichkeit, Bedeutendes zu leisten. Kein Komponist von heute könnte je die damalige Popularität eines Beethoven oder gar Lanner erreichen.

Aber auch die individuell arbeitenden Künstler, wie Maler, Illustratoren oder Dichter, leisteten einen bedeutenden Beitrag zur Kultur des Biedermeier. Sie fanden nicht zuletzt durch neue ökonomische und technische Möglichkeiten eine breite Öffentlichkeit. Im Jahre 1820 gab es in Wien 27 Druckereien, rund 50 Buchhandlungen, die damals meist auch Verlage waren, 18 Kunsthandlungen, zehn lithographische Anstalten und rund 60 regelmäßig erscheinende Zeitungen und Zeitschriften. Die Zahl der damals aktiven Schriftsteller schätzt man auf 550, wobei viele von ihnen daneben noch einem Brotberuf, häufig als Beamte, nachgingen.

Da es im Prinzip verboten war, irgendwelche zweckgerichteten Vereine oder Klubs zu gründen, waren die Schriftsteller wie auch alle anderen Künstler, Theaterleute, Musiker oder

Maler, in ihrem Bedürfnis nach öffentlicher Repräsentanz weitgehend auf die gesellschaftlichen Veranstaltungen und die Salons in den Häusern des Adels und des kunstsinnigen Großbürgertums angewiesen. Trafen sich etwa mehrere Schriftsteller mit einer gewissen Regelmäßigkeit immer am gleichen Ort, machten sich die Teilnehmer bereits verdächtig.

Dennoch begegneten sich natürlich Künstler, meist aus verschiedenen Sparten, immer wieder in den gleichen Gast- und Kaffeehäusern. Häufig entstanden aus solchen „Gewohnheiten" mehr oder weniger reglementierte „Tischgesellschaften", die aber immer in öffentlichen Lokalen tagten.

Die berühmteste und von den Mitgliedern her prominenteste Vereinigung dieser Art war seit 1816 die „Ludlamshöhle". Ihren Ursprung hatte sie im Gasthaus „Zum Blumenstock" in der Ballgasse, wo sich regelmäßig eine trinkfreudige Runde um den amüsanten Dichter Castelli zusammenfand. Als der Kreis sich vergrößerte, wechselte man mehrmals die Lokalität, bis man sich zuletzt im Gasthaus Haidvogel fest etablierte.

Dort wurde eines Abends die Premiere des Stückes „Ludlamshöhle" von Adam Oehlenschläger gefeiert, und seitdem legte sich die Tischgesellschaft selbst diesen Namen zu.

Die „Ludlamiten" unterhielten sich an ihren Samstagabenden vor allen Dingen mit harmlosen Blödeleien, Anekdoten und witzigen Streichen. Dabei gaben sie sich selbst beziehungsreiche Spitznamen. So hieß etwa der schlagfertige Castelli „Cif Charon der Höhlenzote", der Journalist Moritz Saphir „Witzbold der Rebdler" und Franz Grillparzer in Anspielung auf sein Sappho-Drama „Saphokles der Istrianer". Auch Deinhardstein und Friedrich Rückert, die Hofschauspieler Anschütz und Korntheuer sowie die Musiker Carl Maria von Weber und Antonio Salieri gehörten zu der Runde.

Doch so harmlos und humoristisch sich die Freunde auch gaben, im April 1826 schritt die Polizei ein. Nach zehnjährigem Bestehen wurde die „Ludlamshöhle", die inzwischen rund 100 nicht eingetragene Mitglieder zählte, wegen Staatsgefährdung aufgelöst.

Ebenso locker und vielleicht noch harmloser ging es in dem Freundeskreis zu, der sich um Franz Schubert gebildet hatte. Was diese Runde von Musikern, Schriftstellern und Malern zusammenhielt, waren ähnlich wie bei der „Ludlamshöhle" nicht ernsthafte Künstlergespräche, sondern eine unbeschwerte, trinkfeste Geselligkeit. Unstet zogen die Freunde von einem Gasthaus zum anderen. Vergleichsweise regelmäßig traf man sich nur im „Café Bogner" in der Singerstraße, doch weniger wegen des Bognerschen Kaffees als wegen der späten Sperrstunde und der Tatsache, daß man seinen Wein beim Bogner auch mal einige Wochen schuldig bleiben konnte.

Franz Schubert gab nur ein einziges größeres öffentliches Konzert, am 26. März 1828 im Wiener Musikverein. Hauptsächlich erklang seine Musik bei Hauskonzerten, die man ab 1821 „Schubertiaden" nannte. Demzufolge war sein Einkommen höchst unregelmäßig, und häufig war er auf die Großzügigkeit seiner Freunde angewiesen, insbesondere des Schriftstellers Franz von Schober, bei dem er auch zeitweise wohnte. Ein weiterer Freund war der ehemalige Hofoperntenor Johann Michael Vogl, der erste bedeutende Interpret von Schubert-Liedern.

Neben dem Komponisten Anselm Hüttenbrenner, dem Maler Leopold Kupelwieser, dem Literaturhistoriker und Volkskundler Anton von Spaun und dem Schriftsteller Eduard von Bauernfeld gehörte auch der Maler und Zeichner Moritz von Schwind zum engeren Schubert-Kreis, dem auch zahlreiche Skizzen über das Leben und Treiben der Freunde zu verdanken sind. Als einmal die Zahl der schuldig gebliebenen Viertel Wein beim Bogner eine schwindelnde Höhe zu erreichen drohte, überraschte Schwind den Cafetier mit zwei fast lebensgroßen Türschildern, worauf ein Türke und eine Türkin gemalt waren. Bogner brachte diese Bilder rechts und links vom Eingang des Lokals an und erklärte, damit seien die Schulden „abgemalt".

FRANZ SCHUBERT

Noch einen Dichter gab es, der allerdings meist schweigsam und eher am Rande zum Schubert-Kreis gehörte: Johann Mayerhofer. Sein Problem, das ihm besonders in Gesellschaft seiner literarischen Kollegen die Seele zerriß, war, daß er sein Leben weniger aus seinem literarischen Einkommen bestritt als aus dem regelmäßigen Gehalt als Literatur-Zensor. Dieser tragische Konflikt, um den seine Freunde wohl wußten, brachte ihn eines Tages dazu, sich aus dem Fenster auf die Straße zu stürzen und damit seinem zwiespältigen Leben ein Ende zu setzen.

Im Jahre 1808 eröffnete der Cafetier Ignaz Neuner ein Kaffeehaus in der Plankengasse, Ecke Spiegelgasse. Die Zeiten waren für ein derartiges Unternehmen nicht gerade günstig, aber doch noch so, daß das Neunersche Kaffeehaus sich bald fest etabliert hatte und eine gute Klientel von Beamten und Geschäftsleuten zu seinen Stammgästen zählen konnte. Mit der Zeit warf es sogar einen beträchtlichen Gewinn ab, so daß sich Herr Neuner 1823 entschloß, es von Grund auf renovieren zu lassen.

Damals legte man – wir wissen es vom Wagnerschen Kaffeehaus in der Taborstraße – beträchtlichen Wert auf eine luxuriöse und exquisite Ausstattung. Und daran sparte Herr Neuner auch in keiner Weise. Zum kostbaren Porzellan schaffte er nicht nur ein massives Silberbesteck an, aus Silber waren auch die Türschnallen und Kleiderhaken zwischen den glänzenden Spiegeln an den Wänden. Der neue Glanz machte Eindruck, und schon bald nach der Eröffnung 1824 nannten die Wiener das früher unscheinbare Eckcafé treffend das „Silberne Kaffeehaus".

Noch im gleichen Jahr wurde es für fast zwei Dezennien das bedeutendste literarische Kaffeehaus Wiens. Im „Silbernen Kaffeehaus" fand sozusagen die österreichische Literaturgeschichte des Vormärz statt. Natürlich traf man hier auch zahlreiche andere Künstler an, wie die Walzer-Könige Joseph Lanner und Johann Strauß Vater, den Charakterkomiker Ignaz Schuster oder den damaligen Kunstakademie-Studenten Franz Stelzhamer, der später einer der bedeutendsten Mundartdichter Österreichs werden sollte.

Auf seine Art auch ein „Künstler", der hier verkehrte, war der aus Polen stammende Severin von Jaroszynski, ein stadtbekannter Lebemann und – wie sich bald zeigen sollte – Hochstapler. Als ihn 1827 seine Schulden zu erdrücken drohten, ermordete er seinen ehemaligen Lehrer Professor Blank und stahl dessen Ersparnisse. Doch seinem aufwendigen Lebensstil gemäß gab er noch kurz vor seiner geplanten Flucht aus Wien in seiner Wohnung im Trattnerhof für die Freunde ein Abschiedssouper. Mit dabei war seine Geliebte, die junge Therese Krones, damals bereits die populärste Schauspielerin Wiens und die erste „Jugend" in Raimunds „Bauer als Millionär". Eben hatte die Krones ihr Erfolgslied „Brüderlein fein" gesungen, da drang die Polizei in die Wohnung ein und verhaftete Jaroszynski. Nicht zuletzt die Tatsache, daß die ahnungslose Krones in diesen Mordfall verwickelt war, brachte den spektakulären Skandal in aller Munde. Während das Publikum ihr sehr bald wieder verzieh, wurde der Raubmörder Jaroszynski zum Tode verurteilt und am 30. August 1827 bei der Spinnerin am Kreuz gehenkt.

Eine andere unliterarische Berühmtheit unter den Gästen des Herrn Neuner war der Baron Natorp, der ungekrönte König des Billardspiels. Gleich neben dem Schachzimmer im ersten Stock, wo allabendlich ein bescheidener Beamter namens Withalm als unschlagbar galt, lag auch das Billardzimmer, in dem Natorp stundenlang mit einem unsichtbaren Gegner spielte. Da ihm fast jeder Stoß gelang, wäre ein möglicher Mitspieler sowieso nie zum Zuge gekommen.

DAS „SILBERNE KAFFEEHAUS"

Es verkehrten also dort keineswegs ausschließlich Literaten, doch wer damals in Wien sich zur Dichter-Gilde zählte, war zumindest hin und wieder hier zu Gast. „In Neuners ‚Silbernem Kaffeehaus‘“, berichtete der Zeitgenosse Emanuel Straube, „pflegt sich bekanntlich ‚in illis temporibus‘ eine große Zahl der Literaten zu versammeln, Sterne von allen Größen, mitunter wohl auch Unsterne; allein das Ding war interessant, wenigstens dadurch, daß eine Art von esprit-du-corps in die Schriftstellerwelt gebracht wurde, an dem es ihr von jeher, zu ihrem großen Schaden, gar sehr gebrach. Man traf da den herrlichen Lenau, den geistreichen Bauernfeld, den wackeren Ch. W. Huber, den gemüthlichen Raimund, den rüstigen Balladendichter Vogl, den lebhaften Uffo Horn [Adolf Bäuerle], und eine Cohorte mehr oder minder bedeutender Arbeiter im Weinberge der Prosa und des Verses, täglich oder doch fast täglich; von Zeit zu Zeit erschien auch Meister Grillparzer, dann Deinhardstein, Castelli, Anastasius Grün.“

Selbstverständlich erweckten diese häufigen, wenn auch meist zufälligen Zusammenkünfte so vieler bedeutender geistiger Größen das Mißtrauen der Polizei. Daß trotz aller Beobachtungen und Registrierung ihrer Organe diese nicht einschritt, lag vor allem an dem vorherrschend gesellschaftlichen Umgang, den man hier untereinander pflegte. Aber natürlich blieb es mit der Zeit nicht aus, daß man – meist hinter der vorgehaltenen Hand – dies und das besprach, was nicht für die Spitzel und „Naderer“ bestimmt war. Das ergab sich schon aus der Zusammensetzung der Gäste, zu denen bereits früh der Freiheitsdichter Anastasius Grün gehörte.

Auch der Arzt und Schriftsteller Ludwig August Frankl (1810 bis 1894) gehörte zu den heimlichen Oppositionellen gegen das Metternich-System. Von ihm stammt eine der bekanntesten Raimund-Anekdoten: „Seit meiner ersten Begegnung mit ihm sah und sprach ich Raimund oft, zu Zeiten, wenn er eben in Wien war, fast täglich im sogenannten ‚silbernen Kaffeehause‘ in der Plankengasse. Ich habe dasselbe in meinem Beitrage zur Bibliographie Lenau’s mit allen seinen Gestalten geschildert. Unter ihnen war Raimund einer der willkommensten Gäste. Ein trefflicher Billardspieler, pflegte er seinen ebenbürtigen Billardvirtuosen Dräxler-Manfred, Christian Wilhelm Huber, Lenau, Ludwig Löwe, Johann Nep. Vogel, Friedrich Witthauer ein erstes und letztes Doublé vorzugeben und häufig doch zu siegen.

In diesem Kaffeehaus wurden die Getränke in silbernen Geschirren credenzt, die Kleiderhaken waren aus demselben edlen Metalle, daher der Name: das ‚silberne‘. Einmal wollten die Gäste, weil statt reinen Moccas mit Zichorie versetzter Kaffee längere Zeit gereicht wurde, auswandern; das hieß wenigstens täglich vierzig Gäste dem Kaffeesieder entziehen, Raimund rettete dem Kaffeesieder dieselben durch eine humoristische Bemerkung: ‚Wir können von hier nicht ausziehen. Nirgends wird es dem Pegasus so gut ergehen, aus silbernen Gefäßen gefüttert zu werden, und selten einem Dichter, an einen Haken seinen Hut hängen zu können, dessen Silberwerth zehn Castorhüte, geschweige den eines armen deutschen Poeten überwiegt.‘ Wir lachten und blieben.“

Revolutionen finden zuerst im Kaffeehaus statt

Von Oktober 1907 bis zum Ausbruch des Ersten Weltkriegs lebte der in Rußland verfolgte Revolutionär Leo Trotzki hauptsächlich in Wien. Häufig war er während dieser Zeit im „Café Central" anzutreffen, wo er mit Vorliebe Schach spielte. Trotzki, der eigentlich Lew Bronstein hieß, hatte sich diesen Namen nach einem Gefängnisaufseher in Odessa 1902 bei seiner Flucht aus Rußland zugelegt. In Wien lernte Trotzki die führenden Köpfe der österreichischen Sozialdemokratie kennen, wie Viktor und Friedrich Adler, Max Adler, Otto Bauer oder Rudolf Hilferding. In seiner Autobiographie „Mein Leben" berichtet Trotzki darüber: „Das waren sehr gebildete Menschen, die auf verschiedenen Gebieten mehr wußten als ich. Ich habe mit lebhaftestem Interesse ihrer ernsten Unterhaltung im Café ‚Zentral' zugehört. Doch schon bald gesellte sich zu meiner Aufmerksamkeit ein Erstaunen. Diese Menschen waren keine Revolutionäre ... In Berlin herrschte ein anderer Geist; vielleicht war er im wesentlichen nicht viel besser, aber er war anders. Das lächerliche Wiener Mandarinentum der Akademiker spürte man dort fast nicht."

Ähnliche Ansichten über die „Kaffeehaus-Revolutionäre" waren aber auch in Wien selbst verbreitet. 1917, als man dem damaligen österreichischen Ministerpräsidenten Heinrich Graf Clam-Martinic den Ausbruch der Russischen Revolution meldete, soll er – der Legende nach – gesagt haben: „Eine Revolution in Rußland? Ja, wer soll denn die gemacht haben, vielleicht der Herr Bronstein aus dem Café Central?"

Ob es sich nun um politische, literarische oder Kunst-Revolutionen handelte, in Wien begannen sie immer im Kaffeehaus. Das war 1918 nicht anders als im März 1848.

Einer der wichtigsten Orte, an denen sich die Opposition des „Vormärz" versammelte, war das „Silberne Kaffeehaus" des Herrn Neuner. Einer seiner Gäste war Anton Alexander

Graf Auersperg, der sich als Schriftsteller Anastasius Grün nannte. 1831 erschien in Hamburg unter diesem Namen eine Sammlung patriotischer Gedichte mit dem Titel „Spaziergänge eines Wiener Poeten". Darin glorifiziert Grün den „von oben" gewährten Liberalismus eines Josef II.:

> Ein Despot bist du gewesen! Doch ein solcher wie der Tag,
> Dessen Sonne Nacht und Nebel neben sich nicht dulden mag.

An den regierenden Kaiser Franz dagegen richtet er die Verse:

> Jetzt sind wir verarmt und dürftig, wehrlos und gebeugt von Schmerz.
> O erschließe warm und freudig du dem Volke jetzt dein Herz!
> Gib ihm Waffen, helle, scharfe: Offnes Wort in Schrift und Mund!
> Gib ihm Gold, gediegnes, reines! Freiheit und Gesetz im Bund!

Seinem angesehenen aristokratischen Namen hatte es der Dichter letztlich zu verdanken, daß es zu keiner Verurteilung kam.

Drei Jahre zuvor war ein anderer Österreicher in einem in London erschienenen Buch mit dem politischen System noch viel schärfer ins Gericht gegangen. „Austria as it is" (Österreich wie es ist) war der Titel, und die Identität des Autors sollte erst 1864 aufgedeckt werden: Der berühmte und zuletzt in der Schweiz lebende deutsch-amerikanische Schriftsteller Charles Sealsfield gestand kurz vor seinem Tod einem Freund, das Buch geschrieben zu haben. Doch völlig geklärt waren die Zusammenhänge erst, als man nach Sealsfields Ableben sein Testament öffnete und seine wahre Identität erfuhr: 1797 war er als Carl Postl in Mähren geboren worden. Auf Wunsch seiner Mutter trat er 1813 in den Kreuzherrenorden mit dem roten Stern in Prag ein, wo er es bis zum Ordenssekretär brachte. 1823 verließ Postl den Orden, suchte vergeblich in Wien um eine Anstellung bei der Studienhofkommission an und verschwand schließlich spurlos. Mehr als vierzig Jahre galt er als verschollen.

Daß der damals einunddreißigjährige Abenteurer sogar im Ausland sein Buch anonym erscheinen ließ, mag mehrere Gründe gehabt haben. Damals noch völlig unbekannt und mittellos, schwankte er vielleicht noch zwischen einer Rückkehr nach Österreich und der Auswanderung nach Amerika. Doch diese schonungslos aggressive Kritik an der repressiven österreichischen Politik und Verwaltung hätte ihm, wäre seine Identität als Autor bekannt geworden, jede Möglichkeit einer Rückkehr genommen. Denn natürlich wurde das Buch, das wenig später auch in einer (sehr schlechten) französischen Übersetzung erschien, sofort verboten. Die Fahndung nach dem Autor blieb allerdings vergeblich. Daß Postl-Sealsfield Amerika wählte, war nicht zufällig. Die seit gerade einer Generation unabhängig gewordenen Vereinigten Staaten waren für viele freiheitsdürstende Abenteurer im alten Europa schlechthin das Land der unbegrenzten Möglichkeiten. Nikolaus Lenau, einer der Stammgäste des „Silbernen Kaffeehauses", wagte den Versuch. 1831 ging er nach Stuttgart und Heidelberg und schiffte sich ein Jahr später nach den USA ein, wo er in Pennsylvania eine Farm gründen wollte. Doch schon im nächsten Jahr kehrte er gescheitert und enttäuscht nach Wien und ins „Silberne Kaffeehaus" zurück. Auch der Lyriker Lenau bekam Schwierigkeiten mit den Zensurbehörden. Den Anlaß bot ein Gedicht, das eigentlich die elementaren Zerstörungen nach einer Donauüberschwemmung schilderte und die vielleicht nicht zu Unrecht auch politisch zu deutenden Zeilen enthielt:

Fort ist die Stadt, die blühend sich geregt,
Als hätte dürres Laub der Sturm verfegt;
Die alten Steppen werden aufgefrischt,
Wo eines edlen Volkes Freude stand;
Als eine leere Tafel blieb das Land,
Des Volkes Rechnung ist hinweggewischt.

Prompt bekam der Autor eine Vorladung der Zensurbehörde. Doch wie dem aus einem einflußreichen Adelshause stammenden Anastasius Grün geschah auch Lenau nichts. Er, der mit vollem Namen Nikolaus Franz Nimbsch, Edler von Strehlenau, hieß, kam aus einer preußisch-schlesischen Offiziersfamilie, Mutter Ungarin, somit war er eigentlich gar kein Österreicher. Als er anschließend gefragt wurde, ob er nun vor der Kommission das Gedicht zurückgezogen habe, meinte Lenau: „Aber keineswegs! Ich lass' mir doch von dem Gesindel nicht auf die Leier scheißen!"

Selbst Franz Grillparzer hatte in jungen Jahren mit dem Gedanken gespielt auszuwandern. Damals schrieb er in sein Tagebuch: „Fliehen will ich dies Land der Erbärmlichkeit, des Despotismus und seines Begleiters, der dummen Stumpfheit, wo Verdienste mit der Elle der Anciennität gemessen werden, ... und wo ein Collin [pathetisch-patriotischer Dramatiker, der 1811 mit 40 Jahren starb] als Matador geachtet wird, wo Vernunft ein Verbrechen ist und Aufklärung der gefährlichste Feind des Staates."

Doch er blieb im Land, ergriff sogar (vor allem aus finanziellen Gründen) den verhaßten Beamtenberuf und arrangierte sich schließlich weitgehend, wenn auch widerwillig, mit dem System. Merkwürdigerweise sollte daran später weder seine Karriere noch sein hohes Ansehen, das er als gemäßigter Opponent durchaus hätte einsetzen können, etwas ändern.

Einen ersten großen literarischen Erfolg hatte Grillparzer mit der Uraufführung seiner „Ahnfrau" am 31. Januar 1817 im Theater an der Wien. Vermittelt hatte dies sein Förderer und väterlicher Freund, der Burgtheater-Dramaturg Joseph Schreyvogel, der es nun auch wagte, Grillparzers „Sappho" im April 1818 am Burgtheater aufzuführen. Dieser zweite, noch größere Erfolg bescherte dem siebenundzwanzigjährigen Dramatiker bereits eine beachtliche öffentliche Anerkennung. Philipp Graf Stadion, als Finanzminister oberster Dienstherr des Beamten Grillparzer, setzte ihm eine jährliche Pension aus der Hofburgtheaterkasse aus und ordnete eine Verkürzung seiner Arbeitszeit an.

Doch im Januar 1819 erhängte sich Grillparzers Mutter, nachdem zwei Jahre zuvor bereits sein siebzehnjähriger Bruder Selbstmord verübt hatte. Den selbst zu Depressionen neigenden Dichter traf dieser Schlag schwer. Um sich abzulenken, trat er eine wenig befriedigende Italien-Reise an, von der er ein paar Gedichte mitbrachte, die er jedoch später fast alle verwarf.

Eines jedoch veröffentlichte er nach seiner Rückkehr in dem Taschenbuch-Almanach „Aglaia". Es bezieht sich auf das Kreuz, das zu Zeiten Grillparzers in der Mitte des römischen Kolosseums, einem Symbol antiker Kultur und doch später auch Stätte der Inquisition, stand:

> Und damit, verhöhnt, zerschlagen,
> Du den Martertod erwarbst,
> Mußtest du das Kreuz noch tragen,
> An dem, Herrliche, du starbst!
> Nehmt es weg, dies heil'ge Zeichen!
> Alle Welt gehört ja dir ...

Eine Verherrlichung der antiken Kultur mochte wohl noch angehen, daß sie aber hier durch das christliche Symbol des Kreuzes geschmäht würde, empfand man als ungeheure Blasphemie. Nachdem Polizeipräsident Graf Sedlnitzky sämtliche Exemplare des Almanachs beschlagnahmt und vernichtet hatte, schrieb ihm Kaiser Franz: „Sie haben ganz recht getan, das ... Gedicht des Grillparzers aus dem Taschenbuch Aglaia herausnehmen zu lassen und werden Sie den Verfasser desselben vorrufen und ihm in Meinem Namen einen strengen Verweis ... erteilen ... ein solches Benehmen verrät eine schiefe Bildung des Verstandes, wenn nicht gar ein verdorbenes Gemüt. Übrigens werden Sie ihm bedeuten, daß, da er zugleich Beamter ist, ihm bei einem einmaligen Rückfalle die Entlassung aus Meinem Dienste bevorsteht."

Grillparzer fügte sich. Es gab keinen Rückfall, keinen Beweis mehr für eine „schiefe Bildung" oder ein „verdorbenes Gemüt". Der Dichter, den Schillers rebellisches Jugenddrama

„Die Räuber" zutiefst beeindruckt hatte und der sich dann einer von Goethe vorgeprägten Klassik verschrieb, zog sich zuletzt in den Elfenbeinturm seiner literarischen Integrität zurück. Im „Goldenen Vlies", dem ersten Bühnenwerk, das nach seinem Konflikt mit der Zensurbehörde 1821 uraufgeführt wurde, kommt diese Resignation in Medeas Schlußworten zum Ausdruck:

> Ein kummervolles Dasein bricht dir an
> Doch was auch kommen mag: Halte aus
> Und sei im Tragen stärker als im Handeln ...
> Du Armer! der von Schatten du geträumt!
> Der Traum ist aus, allein die Nacht noch nicht.

„AUFERSTEHUNG DER PRESSE" (ZEITGENÖSSISCHE KARIKATUR)

Grillparzers Resignation ist vielleicht daher verständlich, weil alle seine Handlungen und Äußerungen nicht nur als Dichter, sondern auch als Beamter besonders genau registriert wurden. Wie dieses Denunzianten-System funktionierte, beschreibt Sealsfield in seinem Buch: „Der Kaiser ist nicht nur bestrebt, die Beamten, die er weniger als Diener des Staates, denn als seine eigenen betrachtet, ausspionieren zu lassen, sondern dieses Erkundungssystem wird überall gehandhabt. In einem Land, wo die niederen Stände unterwürfig und wenig gebildet sind, ist natürlich das Ehrgefühl nicht stark entwickelt. Deshalb kostet es der Polizei wenig Mühe, Diener zu Ausspähern ihrer Herrschaft zu machen. Für jede der Polizei hinterbrachte Meldung erhalten Dienstboten einen oder zwei Dukaten."

Ein System, das sich sogar der Dienstboten bediente, fand natürlich auch Möglichkeiten für eine unverdächtige Überwachung öffentlicher Lokale. Das konnte entweder ein Kellner oder auch nur ein unauffälliger Stammgast sein. Im „Silbernen Kaffeehaus" war es der Dichter und Dramatiker Joseph Christian Freiherr von Zedlitz (1790 bis 1862).

Zedlitz hatte seine Karriere als Offizier begonnen. 1809 nahm er seinen Abschied, um sich den Familiengütern in Ungarn zu widmen. Ab 1817 lebte er hauptsächlich wieder in Wien, wo 1821 sein erstes Drama „Turturell" uraufgeführt wurde. Etwa um diese Zeit führte ihn auch sein ehemaliger Schulfreund Nikolaus Lenau in die literarische Kaffeehaus-Runde ein. 1837 wurde er von Fürst Metternich offiziell als Publizist und Diplomat in den Dienst der Staatskanzlei berufen, zu der er offensichtlich schon zuvor gute Kontakte gepflegt hatte. Zedlitz verkehrte zwar weiterhin beim Neuner, blieb dort jedoch mehr und mehr isoliert.

In den dreißiger Jahren kam der Däne Johann Martensen, der spätere Bischof von Seeland, nach Wien und suchte während seines Aufenthaltes das Gespräch mit den Literaten vom „Silbernen Kaffeehaus". Später berichtete er über diese Begegnungen: „Aber mit dem ästhetischen Element der Konversation verband sich auch ein politisches, welches, wie ich bald bemerkte, eine liberale Opposition gegen Metternich und das Metternichsche System war. Jedoch wurde dergleichen nur in gedämpften Tönen ausgesprochen; denn das Kaffeehaus war von der Regierung nicht wohl angesehen, weil man ein Gefühl davon hatte, hier rege sich ein Geist, welcher für das Bestehende bedrohlich werden könne. Und man darf allerdings auch sagen, daß das Neunersche Café in ziemlich starkem Grade beigetragen hat, die Begebenheiten des Jahres 1848 vorzubereiten."

Daß es das Kaffeehaus war, in dem sich in Wien meist Revolutionäres vorbereitete, hatte besonders damals noch den wesentlichen Grund, daß die Gründung eines literarischen Vereins oder Klubs gar nicht erlaubt gewesen wäre. Selbst das Verbot der harmlosen und geselligen Runde der „Ludlamshöhle" hatte 1826 zu polizeilichen Verhören und Hausdurchsuchungen bei den Beteiligten geführt.

Anastasius Grün, neben Frankl wohl der revolutionärste unter den beim Neuner verkehrenden Literaten, hat die Gründe für das Entstehen dieser revolutionären Kaffeehausrunde deutlich genannt: „Einerseits die entschiedene Abneigung des damaligen Regierungssystems gegen die lebendigere Regsamkeit aufstrebender Geister und gegen jede Art von Vereinswesen, insbesondere wo es literarischen oder politischen Tendenzen gelten konnte; andererseits das unabweisbare Bedürfnis des Ideen- und Meinungsaustausches unter strebsamen jugendlichen Gemütern, welche die gleiche Geistesrichtung vereinigte, hatte zu dem unverfänglichen Auskunftsmittel geführt, den freien Besuch und die geselligen Freuden eines öffentlichen Vergnügungsortes zum Anknüpfungs- und Vermittlungspunkte für einen lebendigen geistigen Verkehr zu wählen, welcher allen, ursprünglich wünschenswert, allmählich überaus lieb, ja ganz unentbehrlich wurde."

Doch schon einige Jahre vor der Revolution von 1848 löste sich der Kreis der Dichter und Literaten, die sich beim Neuner trafen, weitgehend auf. 1836 war Ferdinand Raimund gestorben. Als 1839 Anastasius Grün die Gräfin Marie Attems heiratete, zog er sich auf sein Schloß Thurn zurück und tauchte nur noch selten in Wien auf. Auch der verbitterte Grillparzer kam immer seltener, seitdem im März 1838 im Burgtheater sein Schauspiel „Weh dem, der lügt" durchgefallen war. Doch als 1845 Eduard von Bauernfeld eine von hundert Wiener Schriftstellern unterzeichnete Petition an Kaiser Ferdinand richtete, in der er Klage über die willkürlichen Zensurverfahren erhob, stand Grillparzers Unterschrift an erster Stelle. Eine Anekdote berichtet, daß Grillparzer 1825 seinen Zensor fragte, warum man so lange gezögert habe, sein Stück „König Ottokars Glück und Ende", das doch eine Verherrlichung des Hauses Habsburg darstelle, freizugeben. Worauf dieser meinte: „Schau'n S', eigentlich hab' ich gleich gesehen, daß in dem Stück nichts Gefährliches enthalten ist, aber dann hab ich mir gedacht: Man kann nie wissen."

1844 blieb auch Lenau aus. Er war im Oktober, kurz vor seiner geplanten Heirat, in geistige Umnachtung gefallen.

Einer der wichtigsten Namen des literarischen Vormärz taucht in keinem Bericht, in keiner Erinnerung an das „Silberne Kaffeehaus" auf: Johann Nestroy (1801 bis 1862). Einer der Gründe, warum er nicht zu den Neunerschen Stammgästen gehörte, dürfte die Tatsache sein,

JOHANN NESTROY

daß er nach seinen Engagements in Brünn, Preßburg und Graz erst 1831 wieder als Schauspieler nach Wien zurückkehrte, als er von Direktor Carl Carl an das Theater an der Wien engagiert wurde. Als Schauspieler wie bald auch als Theaterdichter galt er in Wien als Konkurrent und zugleich Antipode des älteren Raimund.

„Dann – habe ich", schrieb 1832 Raimund an den Schauspieler Karl Ludolph, „allen Respekt vor Herrn Nestroy, wenn er auch gar keinen vor mir hat ..."

Seine Karriere begann Nestroy als Opernsänger: Am 24. August 1822 hatte er am k. k. Hoftheater nächst dem Kärntnertor erfolgreich als Sarastro in Mozarts „Zauberflöte" debütiert. Doch als er neun Jahre später nach Wien zurückkehrte, spielte er fast nur noch Sprechrollen. Als

Dramatiker stand Nestroy in seinen frühen Stücken – etwa bis zur Mitte der dreißiger Jahre – noch deutlich in der Tradition des illusionistischen Besserungsstücks, etwa des Zauberspiels, das seinen Höhepunkt mit Ferdinand Raimund erreicht hatte.

Die Stücke des Wiener Volkstheaters, wie sie besonders an den Bühnen in der Leopoldstadt, der Josefstadt und schließlich auch im Theater an der Wien gepflegt wurden, hatten vor allem die Aufgabe, ein Unterhaltungsbedürfnis zu befriedigen. Auch die Zensur, der ja jedes Stück vor einer Aufführung vorgelegt werden mußte, legte bei diesen Bühnen nicht so strenge Maßstäbe an wie bei den Hoftheatern.

Schon 1808, als aus finanziellen Gründen die Schließung des Theaters an der Wien drohte, entschied man auf allerhöchster Ebene, daß das Theater auch weiterhin bespielt werden müsse, um „zur Zerstreuung der Staatsbürger auf ... sittlichem Wege mitwirken" zu können. Deshalb war auch in den Augen der Zensur die Aufführung bestimmter Stücke weit weniger „staatsgefährdend", wenn sie an einem Vorstadttheater gegeben wurden, als eine Aufführung in den Hoftheatern. So konnte im Theater an der Wien beispielsweise 1808 Schillers „Räuber" in Szene gehen, das noch 15 Jahre früher von der Zensur als „unmoralisches, alle Bande der Gesellschaft auflösendes, höchst gefährliches Theaterstück" bezeichnet worden war. Im gleichen Jahr gelang es endlich, dort Shakespeares „Lear" und zwei Jahre später Schillers „Wilhelm Tell" durchzusetzen.

Aber die wahre Domäne wurde auch hier bald die Wiener Volkskomödie. Aus den Lokalpossen, häufig nach älteren, oft französischen Vorlagen, wie sie in großer Zahl Gleich (der Schwiegervater Raimunds) und Karl Meisl (1772 bis 1853) produzierten, entwickelte sich die moralisierende Form des Besserungsstücks, insbesondere in der phantasiereichen Verkleidung des Zauberspiels, in dem die Illusion von den Gesetzen der Wirklichkeit befreite. Einerseits kam man damit dem Schauvergnügen der Theaterbesucher entgegen, andererseits ließen sich auf diese Weise leichter die Auflagen der strengen Zensur umgehen. Neben Ferdinand Raimund war es besonders Adolf Bäuerle (1786 bis 1859), der dieses Genre pflegte, z. B. 1822 mit seinem Stück „Aline oder Wien in einem anderen Erdteile".

Bäuerle, der etwa 80 Lokalpossen und Volksstücke schrieb, war seit 1806 als Gründer und Herausgeber der „Wiener Allgemeinen Theaterzeitung" auch ein einflußreicher und zum Teil gefürchteter Mann. 1813 schuf er mit seinem Parapluimacher „Staberl" (in „Die Bürger von Wien") einen neuen bürgerlichen Hanswursttyp, der an die Tradition der Komischen Figur anknüpfte und als gesellschaftlich fixierte Figur in das Stück integriert war. Es war der Komiker Ignaz Schuster, bis zu seinem Tode 1835 Stammgast im „Silbernen Kaffeehaus", der die immer wiederkehrende Figur des Staberl (die Stücke wurden bald „Staberliaden" genannt) verkörperte.

Nur von einigen wenigen dieser Schauspieler und Theaterdichter der Vorstadtbühnen ist bekannt, in welchen Lokalen oder Kaffeehäusern sie verkehrten. Auch wenn Raimund und Schuster beim Neuner saßen, gehörten sie nicht zu jenen Literaten, denen Martensen die Vorbereitung der Revolution zuschrieb, zumal sie schon Mitte der dreißiger Jahre starben. Sie sahen sich, wie die meisten damals, in erster Linie als Theaterleute und kaum als politische Bürger.

Das galt in gleicher Weise auch für Nestroy, dessen einziges Stück mit einem direkten politischen Bezug 1848 „Die Freiheit in Krähwinkel" blieb. Das bedeutete jedoch nicht, daß Nestroy von der Zensur verschont blieb. Zwar ließ man weitgehend seine in Komik gekleidete Sozial- und Gesellschaftskritik „in der Vorstadt" noch durchgehen, doch oft nutzte Nestroy die eigentlich verbotene Tradition des Stegreifs für aktuelle und auch kritische Pointen.

Erste Schwierigkeiten mit der k. k. Zensur bekam Nestroy bereits 1825 bei seinem Engagement in Brünn. Nestroy: „Ich wurde nach der Arie im ersten Act und am Schluße hervorgerufen, mußte aber den folgenden Tag auf der Polizey erscheinen, wegen neuen censurwidrigen Textes in meiner ersten Arie." Galt es diesmal, nur mehrere Verhöre und Protokolle über sich ergehen zu lassen, so mußte er am 11. Dezember 1825 wegen eines neuerlichen „polizeywidrigen" Verhaltens, das heißt, wegen Extemporierens und Unanständigkeiten (!) in den Arrest.

Das vorzeitige Ende seines Brünner Engagements brachte schließlich eine Vorstellung am 28. April 1826, in der Nestroy Mozarts „Figaro" sang. Darüber berichtet Nestroy: „Ich trat an diesem Abend, ohne es zu wissen, zum letztenmale in Brünn auf, wiewohl ich noch elf Monate Contract hatte. Ich wurde nemlich am 30. April zur Polizey citirt und es kam die Entscheidung, daß infolge meiner Erklärung [Nestroy hatte sie am 18. April zu Protokoll gegeben], vermöge welcher ich mir das Extemporiren nicht verbieten lasse, mein Contract annulirt sey."

Auch in Wien hatte Nestroy später hin und wieder Schwierigkeiten mit der Zensur. Daß er 1835 noch einmal fünf Tage Arrest aufgebrummt bekam, hatte allerdings mit der Zensur nicht direkt zu tun. Am 24. September des Jahres war seine Lokalposse „Zu ebener Erde und im ersten Stock oder Die Launen des Glücks" mit großem Erfolg uraufgeführt worden. Lediglich der Kritiker Franz Wiest hatte einen Verriß geschrieben. In der folgenden Vorstellung gab Nestroy eines seiner bekanntesten Extempores: Als er im zweiten Akt (21. Szene) kurz vor seinem Lied über das Kartenspielen die Spieltische herrichtete, sagte er beim Auflegen der Karten: „An dem Tisch wird Whist gespielt – 's merkwürdig, daß das geistreichste in England erfundene Spiel den gleichen Namen mit dem dümmsten Menschen von Wien hat." Wiest klagte, und wegen „ehrenrührigen Extemporierens" wurde der Dichter verurteilt.

1842 erschien in dem anonym herausgegebenen Buch „Österreichischer Parnaß, bestiegen von einem heruntergekommenen Antiquar" die folgende ironische Charakterisierung Nestroys: „Nestroy, Johann, sehr lang, etwas ungeschlacht, Embonpoint, blatternarbig, rundes Gesicht, lockiges, etwas graues Haar, greller Schauspieler, desto glücklicherer Coupletsänger, fruchtbarer und beliebter Possenspieler, trefflicher Zeichner gemeiner Charaktere in Callot's Manier; schreit entsetzlich, treibt sich in Kneipen herum, und zwar nicht immer der Studien wegen; auf ihm lastet der Vorwurf, den Director Carl reich gemacht zu haben; in der Ehe sehr veränderlich, aber jedesmal Pantoffelheld, seine jetzige Geliebte, Dem. Weiler, ist in dem schändlichsten Renomée. – Werke: Viele Possen und Parodien, worunter einige von bleibendem Werthe."

Über die „Kneipen", in denen sich Nestroy „herumgetrieben" haben soll, können wir heute nur noch mutmaßen. Die Theaterleute aus der Leopoldstadt besuchten nach wie vor die (bereits erwähnten) Kaffeehäuser an der ehemaligen Schlagbrücke, nunmehr Ferdinandsbrücke (heute Schwedenbrücke), insbesondere das noch immer am meisten beliebte Hugelmannsche Kaffeehaus.

Aber auch die Leute vom Theater an der Wien brauchten nach der Vorstellung nicht weit zu gehen: Gleich an der Ecke zum Getreidemarkt gab es seit 1796 das Kaffeehaus des Herrn Gregor Jacomuzzi. Noch im gleichen Jahr berichtete darüber die „Wiener Zeitung", daß es „mit schöner Aussicht von vier ausgemalenen Zimmern und vier angebrachten guten Billards" ausgestattet sei. Die Aussicht erklärt sich dadurch, daß man von hier aus über das noch unbebaute Glacis bis zum Kärntnertor hinübersehen konnte.

Dieses Kaffeehaus, das irgendwann in der zweiten Hälfte des 19. Jahrhunderts seinen Namen in Café Dobner umänderte, war von Anfang an die kulinarische Dependance des Theaters an der Wien, in dem später Lehár und Karczag ihren Stammtisch hatten und in dem Girardi nächtelang Billard spielte. Warum sollte nicht auch Nestroy, der 23 Jahre lang im Theater an der Wien aufgetreten ist, hier verkehrt haben?

DAS HUGELMANNSCHE KAFFEEHAUS

„*Der Wiener Parnaß im Jahre 1848*"

Unter diesem Titel erschien 1882 eine Anthologie, die – zum Teil in Auszügen – die im Revolutionsjahr geschriebene und veröffentlichte Literatur in Wien dokumentiert und kommentiert. Herausgeber und Autor war der Historiker und konservative Politiker Joseph Alexander Freiherr von Helfert (1820 bis 1910). 1848/49 war er Reichsratsmitglied und wurde später Leiter der Kultur- und Unterrichtsabteilung im Staatsministerium (Regierung). Neben mehreren historischen Werken über die Revolution von 1848 und deren Folgen erwarb sich Helfert besondere Verdienste durch eine Reorganisation des Schulwesens und die Gründung des Instituts für österreichische Geschichtsforschung.

Die weitgehend unkritische Sammlung der Wiener Literatur des Jahres 1848 beweist, welchen ungeheuren Ausfluß an literarischer und besonders pseudoliterarischer Freiheitslyrik die Revolution verursachte. In der akribisch zusammengetragenen Sammlung hauptsächlich von Gedichten unbekannter und unbedeutender Namen tauchen vergleichsweise wenige bekannte Literaten wie Castelli, Frankl oder Anastasius Grün auf.

Manche der Literaten kehrten erst Anfang 1848 aus dem Exil zurück, wo es in den letzten Jahren einfacher gewesen war, kritische Schriften über Österreich in Druck zu geben. Einiges davon war unter Umgehung von Zensur und Polizei inzwischen auch in Wien verbreitet.

Das oppositionelle Zentrum kurz vor der Revolution war das Café Leibenfrost am Neuen Markt, wo sich damals um den Kunsthistoriker Rudolf von Eitelberger die bildenden Künstler und um den politisch engagierten Literaturhistoriker Karl Tausenau Musiker wie Otto Nicolai und Joseph Dessauer und Journalisten wie Friedrich Uhl und Julius Alfred Becher versammelten.

Regelmäßig kursierte hier jede neue Nummer der Zeitschrift „Grenzbote", die der Österreicher Ignaz Kuranda in Leipzig herausgab. Gerade in Leipzig hatte sich Mitte der vierziger Jahre ein ganzer Kreis österreichischer Emigranten versammelt, darunter die Literaten Moritz Hartmann, Alfred Meissner, Eduard Mautner, Wenzel Messenhauser und andere. In Leipzig (und zum Teil in Stuttgart) ließ auch der in Wien gebliebene Ludwig August Frankl seine Werke erscheinen, darunter „Sagen aus dem Morgenlande", „Christophoro Colombo" und „Don Juan de Austria".

DIE REVOLUTION IM KAFFEEHAUS, 1848

Am 3. März 1848 hielt Ludwig Kossuth, Führer der ungarischen Opposition, seine berühmte Rede im Reichstag in Pest gegen den „erstickenden Dampf des tödlichen Windes, der aus den Bleikammern des Wiener Regierungssystems, alles niederdrückend, lähmend, vergiftend einherwehe". Zehn Tage später verließ in Wien die Revolution – im wörtlichen Sinne – das Kaffeehaus und ging auf die Straße.

Jenes Lokal, in dem sich am 12. und 13. März Studenten mit einer Anzahl Bürger und kleiner Gewerbetreibender vereinigten, um vor das niederösterreichische Landhaus in der Herrengasse zu ziehen, war aller Wahrscheinlichkeit nach das Kaffeehaus des Herrn Dominik Casa piccola am Beginn der Mariahilfer Straße. Es bestand seit 1830 und war schon wegen seiner schönen Lage – man blickte über das unbebaute Glacis auf die Stadt und bis zum Kahlenberg – besonders beliebt.

Hauptträger der Revolution waren die Studenten und ein liberales Bürgertum. Sie richtete sich nicht gegen die Monarchie an sich, sondern gegen das hauptsächlich von Metternich zu verantwortende absolutistische System, forderte eine konstitutionelle Monarchie mit einer allgemeinen Volksvertretung, mit Presse- und Redefreiheit.

Schon zwei Tage später schien dieses Ziel der Revolution in denkbare Nähe gerückt. In einer Proklamation, die die „Wiener Zeitung" am 16. März veröffentlichte, gab Kaiser Ferdinand all diesen Forderungen nach. Metternich selbst war bereits am 13. März zurückgetreten und nach England geflohen.

CASA PICCOLA

Doch die neugebildete Regierung hielt die kaiserlichen Zusagen nicht ein. Die Revolution ging weiter und erreichte im Oktober ihren Höhepunkt, bevor sie durch Feldmarschall Fürst zu Windischgrätz blutig beendet wurde. Unter den Führern des Oktoberaufstandes, die am 9. November standrechtlich erschossen wurden, waren auch der Literat und ehemalige kaiserliche Leutnant Wenzel Messenhauser und der Journalist Julius Alfred Becher.

Wie Messenhauser und Becher hatten die meisten Literaten die Kaffeehäuser verlassen und sich der Nationalgarde respektive der „Akademischen Legion", die sich aus Studenten und Intellektuellen innerhalb der Nationalgarde gebildet hatte, angeschlossen.

Auch Johann Strauß Vater, der einst Radetzky mit seinem berühmten Marsch gehuldigt hatte und eigentlich alles andere als ein Revolutionär war, tat Dienst in der Nationalgarde. Sogar musikalisch schwamm er mit der neuen Strömung mit. Schon am 19. März dirigierte er im Volksgarten einen neuen Marsch mit dem Titel „Österreichische National-Garde".

NESTROY UND SCHOLZ

Und am 30. April dirigierte er erstmals seinen „Marsch der Studenten-Legion".

Da war Johann Strauß Sohn schon eher „national" und „liberal" gesinnt, wenn auch er keineswegs ein Revolutionär war. Seit knapp vier Jahren leitete er, wohl auch in Konkurrenz zum Vater, ein eigenes Orchester. Und wie der Vater nutzte er den Trend und komponierte einen „Freiheitslieder-Walzer", einen „Revolutionsmarsch" und die „Ligurianer-Seufzer-Polka".

Johann Nestroy und sein Freund, der kleine, dicke Komiker Wenzel Scholz, standen in diesen Märztagen in der Uniform der Nationalgarde an der Ferdinandsbrücke. Als man das populäre Komiker-Paar später fragte, was sie denn dort gemacht hätten, meinte Scholz: „Gezittert hamma ..."

Vor dem „Kriminal-Gebäude" am Alser Glacis waren Mitglieder der Garde aufgezogen, weil man fürchtete, daß entweder die Sträflinge ausbrechen oder von außen befreit werden könnten. In der Nacht vom 14. zum 15. März tat hier der Arzt und Dichter Ludwig August Frankl Dienst. Und während dieser Nachtwache, als ihm, dem glühenden Verfechter der Freiheit, das Geschehen der letzten Tage, Wochen und Monate durch den Kopf ging, schrieb er das bekannteste Gedicht dieses Wiener Revolutionsjahres:

Was kommt heran mit kühnem Gange?
Die Waffe blinkt, die Fahne weht,
Es naht mit hellem Trommelklange
Die Universität.

Die Stunde ist des Lichts gekommen;
Was wir ersehnt, umsonst erfleht,
Im jungen Herzen ist's entglommen
Der Universität.

Das freie Wort, das sie gefangen,
Seit Joseph arg verhöhnt, geschmäht,
Vorkämpfend sprengte seine Spangen
Die Universität.

Zugleich erwacht mit Lerchenliedern,
Horcht, wie es dithyrambisch geht!
Und wie die Herzen sich erwiedern:
Hoch die Universität.

Und wendet Ihr Euch zu den bleichen
Gefall'nen Freiheitsopfern, seht:
Bezahlt hat mit den ersten Leichen
Die Universität.

Doch wird dereinst die Nachwelt blättern,
Im Buche der Geschichte steht
Die lichte That mit gold'nen Lettern:
Die Universität.

Frankls Gedicht über „Die Universität" wurde sofort gedruckt, erschien als erstes unzensiertes Flugblatt in Wien und erreichte angeblich eine Auflage von einer halben Million Exemplare. Zahlreiche Nachdrucke folgten, und insgesamt siebenundzwanzigmal wurde es vertont.

Im April veröffentlichte Eduard von Bauernfeld „Die Republik der Thiere. Phantastisches Drama sammt Epilog", eigentlich eine kaum zusammenhängende Szenenfolge, in denen er verschiedenen Tieren mehr oder weniger witzige Dialoge in den Mund legte. Das literarisch nicht sehr bedeutende Werk, den Freunden Joseph Dessauer und Anastasius Grün gewidmet, enthielt bereits eine hellsichtige Prophetie:

Maulwurf: Soll ich Ihnen sagen, wie alles kommen wird? Die Republik wird
sich nicht halten. Die Leute werden sich untereinander zugrunde
richten – ein Bürgerkrieg, ein allgemeines Blutbad – darauf ein
Tyrann, ein militärischer Despot – das wird das Ende vom Lied sein.
Adler: Und was weiter?
Maulwurf: Nichts weiter! Dann ist's aus, dann fangt's wieder von vorn an.

Und Anastasius Grün, der als einer der 115 österreichischen Abgeordneten zur Deutschen Nationalversammlung nach Frankfurt reiste, veröffentlichte Ende April ein Gedicht, „Österreichs Gruß an die deutschen Brüder", gewidmet „den jugendlichen Begleitern der nach Frankfurt abgeordneten Österreicher ... von ihrem Reisegenossen":

Schmett're du Lerche von Österreich
Heil von der Donau zum Rhein,
Juble, du kommst aus Morgenroth,
Ziehest in Morgenroth ein!

Schwinge dich Adler von Österreich,
Ledig von fesselndem Band,
Trage die Grüße vom Donaubord
Allem germanischem Land.

Jauchze du Herze von Österreich,
Jauchze mit freudigem Schrei,
Heil dir, mein deutsches Vaterland,
Einig und mächtig und frei.

Brüder, wir Boten von Österreich,
Grüßen Euch traulich mit Sang
Schlagt ihr mit freudigem Handschlag ein,
Hat es den rechten Klang.

Bekanntlich wurde in Frankfurt jener österreichische Zwiespalt offenbar, daß eine Einigkeit mit dem „deutschen Vaterland" mit dem Vielvölkerstaat Österreich nur schwer in

Einklang zu bringen sein würde. So blieb, nicht zuletzt dank der liberalen Fraktion, die auf eine föderalistische Konstitution hoffte, Österreich autonom und zuletzt „draußen".

Auch der große Franz Grillparzer veröffentlichte im September ein Gedicht, dessen Ironie seine inzwischen zutiefst eingewurzelte Resignation verriet: „Lyrische Ergießung eines schwarzgelben [das waren die Farben der Monarchie im Gegensatz zum „deutschen" Schwarz-Rot-Gold] Bürgers an seinen Sohn":

> Üb' immer Unterthänigkeit
> Bis an dein kühles Grab
> Und weiche keinen Daumen breit
> Vom Absoluten ab;
> Dann wirst du wie auf grünen Au'n
> Durch's ganze Leben geh'n
> Und ohne Furcht und ohne Grau'n
> Auf gold'ne Zukunft seh'n.
>
> Dann wird dir Stern und Ordensband
> Fast wie im Schlaf gereicht,
> Du bringst es in dem Knutenland
> Zu einem Rath vielleicht;
> Ein feister Rath, was willst du mehr?
> Das sei dein Ideal –
> D'rum red' nicht lange hin und her,
> Sei ja nie radical!
>
> Die deutschen Farben wähl' dir nicht,
> Die trägt kein solcher Rath,

Die hat im Knopfloch nur ein Wicht!
Schwarzgelb, das liebt dein Staat;
Als Deutscher hast du hier nicht Raum,
Man setzt dir überall zu,
Es findet jener Einheitstraum
Erst auf dem Spielberg Ruh'.

D'rum übe Unterwürfigkeit
Bis an dein kühles Grab
Und weiche keinen Daumen breit
Vom alten Zopfthum ab;
Und nennt man dich auch immer Zopf,
Du lächelst dazu blos,
Und hättest du auch nichts im Kopf,
Du wirst doch einmal groß!

In diesen Tagen schrieb der Norddeutsche Friedrich Hebbel, seit drei Jahren Wahlöster-
reicher, aus Wien an einen deutschen Freund: „Die lieben Österreicher! Sie sinnen jetzt darüber nach, wie sie sich mit Deutschland vereinigen können, ohne sich mit Deutschland zu
vereinigen. Das wird schwer auszuführen sein, ebenso schwer, als wenn zwei, die sich küs-
sen wollen, sich dabei den Rücken zuzukehren wünschten!!!"

Dann meldete sich noch ein anderer Schriftsteller in diesem Jahr zum ersten Mal politisch zu Wort, zweifellos einer der größten Dichter, die Österreich hervorgebracht hat und
der bezeichnenderweise in Helferts revolutionärem „Wiener Parnaß" keine Erwähnung findet: Adalbert Stifter (1805 bis 1868). Der zwar anerkannte, aber von den literarisch-politi-
schen Strömungen seiner Zeit weitgehend abgehobene Erzähler wurde zu Lebzeiten von vie-

len so mißverstanden, wie er noch lange nach seinem Tode von der Literaturgeschichte unterschätzt wurde.

Ein gegen Stifter gerichtetes Epigramm seines literarischen Antipoden Hebbel charakterisiert dieses Mißverständnis:

Wißt ihr, warum euch die Käfer,
die Butterblumen so glücken?
Weil ihr die Menschen nicht kennt,
weil ihr die Sterne nicht seht!
Schautet ihr tief in die Herzen,
wie könntet ihr schwärmen für Käfer?
Säht ihr das Sonnensystem, sagt doch,
was wär' euch ein Strauß?
Aber das mußte so sein;
damit ihr das Kleine vortrefflich liefertet,
hat die Natur klug euch das Große entrückt.

ADALBERT STIFTER

Andererseits hatte der vom Ethos des Dichters als Künder eines kosmischen Naturgefühls ehrfurchtsvoll überzeugte Stifter eine womöglich noch schlechtere Meinung über Hebbel, die er in einem Brief an Aurelius Buddeus, Redakteur der „Augsburger Allgemeinen", deutlich zu erkennen gab: „Als ich Hebbels Sachen zuerst las, legte ich sie als unbedeutendes schwaches Gemache von Seite einer Unkraft, die sich nur bläht und sittlich widerwärtig tut, um groß zu scheinen, bei Seite; aber in welches Erstaunen geriet ich, als ich hörte, daß man ihn einen *Dichter* nannte, ja, als man *Größe* in ihm fand. Es kam mir ein Wehe an um meine Landsleute ..."

Nicht nur in ihrer literarischen Produktion und Auffassung kann man sich kaum größere gegensätzliche Persönlichkeiten vorstellen. Beide Dichter, aus kleinen Verhältnissen stammend, hatten eine entbehrungsreiche und von finanziellen Sorgen begleitete Jugend hinter sich. 1846 heiratete der norddeutsche Dramatiker in Wien die gefeierte Burgtheater-Heroine Christine Enghaus, mit der er bis zu seinem Tode eine harmonische, geistig und beruflich eng verbundene Ehe führte. Der acht Jahre ältere Stifter verband sich nach dem Scheitern einer ebenso idealistischen wie unglücklichen Liebe 1837 mit einer zwar bildhübschen und kreuzbraven, aber an geistigen und literarischen Dingen völlig desinteressierten Putzmacherin. Auch er führte eine nach außen hin harmonische, in Wahrheit aber höchst problematische Ehe.

FRIEDRICH HEBBEL

Hebbel liebte, soweit er es sich leisten konnte, ein elegantes, großbürgerliches Leben. Zeit seines Lebens unternahm er zahlreiche Reisen, die ihn nach Deutschland, Italien, Frankreich und bis nach London führten. Eine wenig glückliche Hand hatte er im Umgang mit Menschen; sein Verhältnis zu Kritikern, Theaterdirektoren und Kollegen war von einer radikalen, zugleich aber egozentrischen Ehrlichkeit geprägt. Auch Intrigen führten immer wieder zu Zerwürfnissen. Kaum ein Freund, mit dem er nicht zeitweilig oder für immer brach. Daß er sich, wie die meisten anderen deutschen Wahlwiener (darunter Schikaneder, Beethoven, Brahms, Laube oder Billroth) dem hier üblichen geselligen Leben im Kaffeehaus, Gasthaus oder beim Heurigen angepaßt hätte, dafür gibt es in seiner Biographie keinen Hinweis.

Dagegen führte der aus Böhmen stammende Stifter, der als Student nach Wien kam, ein vergleichsweise kleinbürgerliches Leben, aß und trank gern, was ihm und seiner Frau mit den Jahren zu einer beträchtlichen Leibesfülle verhalf. Großen Wert legte er auf eine behäbig häusliche Gemütlichkeit, erwarb in späteren Jahren auch teure, schöne, alte Möbel und züchtete Kakteen. Ständig in Geldnöten, verdiente er sich sogar noch als anerkannter Schriftsteller seinen Lebensunterhalt durch Privatunterricht, nicht zuletzt, weil seine wiederholten Bemühungen um Anstellung in einem bürgerlichen Beruf lange Zeit fehlschlugen.

Abgesehen von Ferienaufenthalten in seiner böhmischen Heimat und im Salzkammergut, unternahm Stifter nur wenige Reisen, die ihn von der vertrauten Häuslichkeit trennten. Mit 45 Jahren wurde er k. k. Schulrat in Linz, wohin er 1848 übersiedelt war, aber die Pedanterie eines Schulmeisters ließ er schon früher erkennen, wenn er etwa persönliche Briefe daraufhin korrigierte, daß sie gewiß eines Tages veröffentlicht werden würden.

Der taube und fast blinde Schriftsteller Heinrich Landesmann (1821 bis 1902), der unter dem Namen Hieronymus Lorm schrieb, ein Bewunderer Stifters, welcher sich gern in der Rolle des Mentors jüngerer Talente sah, charakterisierte seinen Förderer so: „Der Mann kann sehr glücklich sein. Auch hab' ich nie einen Menschen gesehen, der so identisch wäre mit seinen Büchern; er lebt und ißt und spricht, als wäre er nichts als eine Novelle, die er selber geschrieben, nur aussehen tut er nicht so, er ist breit, korpulent und gleicht einem bierliebenden Schustermeister. Ihn zu sprechen und ihn zu lesen, ist fast dasselbe, fünf Minuten mit ihm sprechend streift auch der konventionellste Mensch alle unnötigen Formen augenblicklich ab und fühlt sich, eh' er weiß wie, auf den Höhen der eigenen Seele, von Lenz und Stilleben berauscht wie in den *Studien*. Dennoch ist es nicht angenehm, in einem Menschen nichts als eine Novelle zu finden, denn so abgeschlossen von der Zeit, ihren Tendenzen und den momentanen Strebungen der Menschheit wie seine Schriften ist er selbst. Politik kümmert ihn gar nicht, ich mußte ihn mit Gewalt darauf zu sprechen bringen."

Dabei hatte Stifter durchaus zahlreiche freundschaftliche und auch gesellschaftliche Kontakte. Er verkehrte in den Salons der Fürstin Marianne Schwarzenberg, des Philanthropen

Joseph Wertheimer und der Baronin Henriette Pereira-Arnstein, deren Mutter Fanny Arnstein während des Wiener Kongresses in ihrem Salon alle Größen der Zeit empfangen hatte. Mit einigen Jugendfreunden traf er sich regelmäßig am Stammtisch und besuchte an anderen Abenden vor allem das „Silberne Kaffeehaus" in der Plankengasse. Doch das war – zu Beginn der vierziger Jahre – bereits zu einer Zeit, als die literarischen Größen des Vormärz dort kaum noch anzutreffen waren.

Als Stifter zwischen 1843 und 1846 den Sohn des Staatskanzlers Metternich in Mathematik und Physik unterrichtete, verhinderte das merkwürdigerweise nicht, daß auch Vertreter der Literarisch-Radikalen ihn als bedeutenden Dichter anerkannten. In einer Besprechung schilderte damals Hieronymus Lorm den Sonderfall dieses österreichischen Schriftstellers, der nicht unter der Zensur zu leiden habe: „Auch er wird bewacht, aber er sieht es nicht, auch er trägt Ketten, aber seine Bewegungen waren nie so wild, daß er sie hätte rasseln hören können. Nie drängte es ihn, die melodische Stimme seiner Poesie in das Gewirr der Zeitkämpfe tönen zu lassen, darum ward ihm auch nie der Schmerz, daß ihm auch wäre Schweigen geboten worden ... Ein späteres Geschlecht wird auf die großen Taten, die eine glücklichere Epoche herbeischaffen helfen, kaum so dankbar zurückblicken als auf das stille Wirken weniger, die bescheiden dafür sorgten, daß in den staubaufwirbelnden Kämpfen der Sinn für die eigentliche künstlerische Schönheit noch wach genug blieb, um die neugeborene bessere Zeit auch ästhetisch genießen zu können."

Diese Beurteilung war ganz im Sinne des Dichters, der in Wahrheit gar nicht so unpolitisch war, wie es scheint. Nur wandte er sich konsequent dagegen, Politik mit den Mitteln der Literatur zu betreiben: „Das Junge Deutschland habe ich am meisten gefürchtet, indem ich mit einer Schattierung desselben, die Tagesfragen und Tagesempfindungen in die schöne Literatur zu mischen, ganz und gar nicht einverstanden bin, sondern im Gegenteil meine, daß das Schöne gar keinen anderen Zweck habe, als schön zu sein, und daß man Politik nicht mit Versen und Deklamationen macht."

Als im Jahr 1848 die Revolution von Frankreich auf ganz Europa und eben auch auf Österreich übergriff, zeigte sich, daß Stifter – in seinem Sinne – auch durchaus bereit war, politische Handlungen zu setzen. In seiner Stifter-Monographie betont Urban Roedl: „Wenn Stifter auch in den Jahren des Vormärz sich politisch zurückgehalten hatte, war er doch stets für den politischen und sozialen Fortschritt eingetreten, und der Sturz des verhaßten reaktionären Systems begeisterte ihn wie alle anderen. Mit Betty Paoli [jüdische, mit Stifter befreundete Lyrikerin] und [Gustav] Heckenast [Stifters Verleger] schwärmte er von dem endlich errungenen Triumph ... Nach Kräften nahm der Dichter an der politischen Arbeit teil. Von seinem Wohnbezirk ließ er sich als Wahlmann zu den Vorbereitungen für die Frankfurter Nationalversammlung aufstellen.“

In diesen Tagen schrieb Stifter seinen Aufsatz „Über Stand und Würde des Schriftstellers“, ein politisches Credo von der gesellschaftlichen Verantwortung des Schriftstellers, aber auch des Journalisten. Alles Unheil komme aus dem verbreiteten Wort, wenn es – bewußt oder unbewußt – Irrtümer erzeuge. Daraus erwachse jedem, der schreibt, die Pflicht, den höchsten Anspruch an sich selbst zu stellen. Nur ein reiner und vollkommener Charakter könne die Verantwortung übernehmen, das Wort, das dem Leben und der Wahrheit verpflichtet sei, zu ergreifen. In diesem Sinne sei der „Stand des Schriftstellers einer der ehrwürdigsten des menschlichen Geschlechts“. Gerade beim Aufbruch in eine neue Zeit sei es wichtig, diese Größe und Verantwortung des Berufsstandes vor Augen zu haben und „in Wirksamkeit zu setzen“.

Ohne Zweifel war es die politische Situation, die ihn veranlaßte, diesen Aufsatz zu schreiben, aber sein Anliegen war nicht sozialpolitisch oder demokratiepolitisch wie die Revolution selbst, sondern kulturpolitisch: Wie gut und verdienstvoll die Sache auch war, die Literaten durften, nach seiner Ansicht, nicht die Literatur und das Wort in den Dienst dieser Sache stellen.

Roedl weist mit Recht darauf hin, daß diese Meinung dem Wesen seiner Persönlichkeit und seinem Ideal entsprach, eine Meinung, die er unabhängig von allen literarischen und politischen Zeitströmungen vertrat. Nur zieht er daraus nicht den Schluß, daß sich Stifter damit selbst als ästhetisierenden Einzelgänger in der Literaturgeschichte definierte. Das soll nicht seine Bedeutung schmälern, die ja nicht in diesem gesellschaftspolitischen Ideal lag. Aber es verwundert, daß Stifter diese Anschauung in einer Zeit vertrat, in der die Literatur, wie sie es schon früher getan hatte und später noch tun sollte, wesentlich zur gesellschaftlichen Veränderung beitrug.

DAS ALTE BURGTHEATER AM MICHAELERPLATZ

Die vernachlässigten Dichter

*K*aum eine Epoche brachte für Wien so viele grundlegende Veränderungen wie die vier Jahrzehnte zwischen 1850 und 1890, politisch, gesellschaftlich, wirtschaftlich und kulturell. Äußeres Zeichen, aber auch Folge dieser vielfältigen Veränderungen war die architektonische Neugestaltung und eine neue großstädtische Infrastruktur. Nicht zufällig fällt in diese vierzig Jahre auch die sogenannte Gründerzeit, die in Wien ihren sichtbaren und weitergehenden Ausdruck in der „Ringstraßen-Ära" fand.

Parallel zur innerstädtischen Bauentwicklung veränderte sich Wien auch verkehrstechnisch zur Großstadt: 1865 wurde die Ringstraße, 1873 die Gürtelstraße eröffnet, zwei Jahre später wurde die Donauregulierung, um die Jahrhundertwende die Wienflußregulierung im Rahmen eines umfassenden großstädtischen Verkehrskonzepts abgeschlossen. Gleichzeitig erforderte das von Wien ausgehende neuentstehende Eisenbahnnetz den Bau mehrerer Endbahnhöfe, von denen 1873 als letzte der Süd- und der Nordwestbahnhof in Betrieb genommen wurden.

In diesen Jahren wächst Wien, Zentrum eines Vielvölkerstaates, zur Weltstadt. Das Jahr 1873 ist mit der Eröffnung der Weltausstellung und dem neun Tage später folgenden Zusammenbruch der Börse (dem ersten „Schwarzen Freitag") zugleich ein Höhe- und ein Tiefpunkt des wirtschaftlichen Aufschwungs.

Gegenläufig zum Glanz und der Virulenz in der Donaumetropole stellt sich die politische Entwicklung der Monarchie dar. Der 1851 hergestellte Neo-Absolutismus wird Stück für Stück wieder demontiert; die Abtretung Venetiens an Italien und die Niederlage 1866 bei Königgrätz dokumentieren auch den äußeren Machtverlust Habsburgs.

Wien jedoch erlebt eine Hochblüte in Kunst und Architektur, in der Musik und auf dem

Theater. Dort wird 1860 im Carl-Theater, dem früheren Theater in der Leopoldstadt, mit der Uraufführung von Franz von Suppés „Das Pensionat" eine neue Gattung des Musiktheaters begründet: die Wiener Operette.

Der Siegeszug der Operette ist symptomatisch für das Kulturbewußtsein dieser Zeit. Überall in Wien wird Operette gespielt, doch ihr Hauptquartier wird bald das ehrwürdige Theater an der Wien sein. Die Künste profitieren vom Bauboom. Da entstehen neben der Oper und dem neuen Burgtheater am Ring zahlreiche andere neue Theater, deren vorläufig letztes 1889 das Deutsche Volkstheater ist. Die Musik findet 1870 eine neue repräsentative Heimstatt im Musikvereinsgebäude, die Kunst 1868 im Künstlerhaus und 1877 in der neuerbauten Akademie der bildenden Künste am Schillerplatz.

Nur die Literatur bleibt heimatlos.

Zwar wird 1868 in dem von Heinrich von Ferstel neugebauten Börsengebäude das „Café Central" eröffnet, doch auf seinen „literarischen" Ruf muß es noch Jahre warten. Peter Altenberg, der in Kürschners Literatur-Kalender später das „Café Central" als seine Heimatadresse angeben wird, ist gerade neun Jahre alt, und Karl Kraus wird überhaupt erst sechs Jahre später geboren.

Wo aber war damals die Literatur? Wo die Literaten?

In der populären kulturgeschichtlichen Darstellung dieser Epoche, der dreibändigen „Ringstraßen-Symphonie" des Burgschauspielers Fred Hennings, werden weder die Dichter noch die Literatur dieser Zeit erwähnt. Möglicherweise wurde 1963/64, als die „Ringstraßen-Symphonie" erschien, die literarische und literaturhistorische Bedeutung der Repräsentanten der Dichtung damals so geringgeschätzt, daß sie vernachlässigbar waren. (Auch andere kulturhistorische Werke über diese Epoche behandeln das Thema stiefmütterlich.) Vielleicht aber wird die Literatur schon deshalb vergessen, weil auch die Zeitgenossen sie vernachlässigten?

Welche Autoren repräsentierten tatsächlich das literarische Leben in Wien zwischen 1850 und 1890? Und was schrieben sie?

1862 war Nestroy gestorben und 1863 Hebbel. Stifter war 1848 nach Linz übersiedelt, wo er 1868 starb. Grillparzer hatte sich resigniert und vergrämt, wenn auch hoch geehrt zurückgezogen und starb 1872. Von den vor 1848 bekannten Wiener Schriftstellern waren im Grunde nur Eduard von Bauernfeld (er starb 1890 mit 88 Jahren) und Ludwig August Frankl (1884 mit 84 Jahren gestorben) übrig geblieben.

Den literarischen „Nachwuchs" repräsentierten damals Namen wie Marie von Ebner-Eschenbach (1830 bis 1916), Ferdinand von Saar (1833 bis 1906), Ludwig Anzengruber (1839 bis 1889) und die zu Unrecht vergessene Ada Christen (1844 bis 1901). Einen wesentlichen Anteil am literarischen Leben hatten aber auch einige bedeutende Publizisten, die der Gattung des „Wiener Feuilletons" zu bleibendem Ruhm verhalfen.

Da war einmal der auch als Dramatiker und Erzähler hervorgetretene Ferdinand Kürnberger (1821 bis 1879), der als liberaler Journalist 1848 nach Deutschland floh und 1856 wieder nach Wien zurückkehrte. Seine satirischen Feuilletons machten ihn zu einem Vorläufer von Karl Kraus, der in der Tat in Kürnberger eines seiner Vorbilder sah.

Als den klassischen Vertreter des „Wiener Feuilletons" betrachtet man heute den neun Jahre jüngeren Ludwig Speidel (1830 bis 1906), Schwabe aus einer Ulmer Musikerfamilie, der 1853 nach Wien kam. Zwischen 1877 und 1884 erschienen seine sprachlich geschliffenen Feuilletons sowie seine Musik und Theaterkritiken gelegentlich auch in der „Neuen Freien Presse", jenem Blatt, dem nach einem mißlungenen Versuch, sich dort als ständiger Mitarbeiter zu etablieren, Karl Kraus einen lebenslangen unerbittlichen Kampf ansagte.

Den Vätern des „Wiener Feuilletons" zuzurechnen ist schließlich auch Daniel Spitzer (1835 bis 1893), der berühmte „Spaziergänger", der Wien stets mit einem Notizbuch in der Hand durchstreifte.

Der Sohn jüdischer Eltern aus Mähren wurde zuerst Rechtsanwalt und dann (bis 1871) Beamter der niederösterreichischen Handels- und Gewerbekammer. Daneben schrieb er für die satirische Zeitschrift „Figaro", in der er den „Börsenbesucher Itzig Kneipeles aus Nikolsburg" kreierte, ein Vorbild für viele spätere jüdisch-satirische Typen. Ab 1865 schrieb er auch Feuilletons für die Sonntagsbeilage der „Presse", wechselte 1871 zur „Deutschen Zeitung" und zwei Jahre später zur „Neuen Freien Presse". Spitzer war der typische journalistische Flaneur, der aus der Schilderung der kleinen Zeichen die größeren Zusammenhänge kritisch deutlich machte, der gern einzelne Personen „aufspießte", um generell mißliche Zustände zu entlarven.

Dagegen vertrat der aus kleinen Verhältnissen kommende ehemalige Beamte Friedrich Schlögl (1821 bis 1892) nicht das kritische oder satirische Feuilleton, sondern das humorvoll unterhaltende. Er begann erst relativ spät seine heiteren Schilderungen aus dem Wiener Volksleben zu veröffentlichen, etwa in Roseggers „Heimgarten", dem „Neuen Wiener Tagblatt" oder dem „Figaro", für den er ab 1876 die von ihm gegründete Beilage „Wiener Luft" redigierte.

In seiner Nachfolge sind auch die späteren Lokalschriftsteller und Feuilletonisten Vinzenz Chiavacci (1847 bis 1916) und Eduard Pötzl (1851 bis 1914) zu sehen, zwei ehemalige Bahnbeamte, die Mitte der siebziger Jahre zum Journalismus kamen. Anhaltenden lokalen Ruhm erlangten aus Chiavaccis humorvollen Sittenschilderungen die volkstümlichen Figuren des „Herrn von Adabei" und die „Frau Sopherl vom Naschmarkt", der der Autor 1890 auch ein Volksstück widmete. Der deutsche Dramatiker, Publizist, Historiker und Burgtheaterdirektor (von 1881 bis 1887) Adolf Wilbrandt (1837 bis 1911) ist hier ebenfalls zu erwähnen. Er stammte aus Rostock, lebte einige Jahre in München, wo er mit Paul Heyse, dem ersten deutschen Literaturnobelpreisträger, befreundet war und zeitweise die Redaktion der „Süddeutschen Zeitung" leitete. 1871 kam er nach Wien, heiratete die Burgtheater-Schauspielerin Auguste Baudius und wurde schließlich für sechs Jahre Direktor des Burgtheaters, an dem mehrere seiner Römer-Dramen und historischen Schauspiele aufgeführt wurden. Neben den eigenen, stark von Schiller beeinflußten Dramen bearbeitete er mehr als zwanzig Stücke fremder Autoren für das Burgtheater. 1887 verließ er Wien und kehrte in seine Geburtsstadt Rostock zurück.

Diese gewiß nicht vollständige Aufzählung von Schriftstellern und Publizisten, die in den

MARIE VON EBNER-ESCHENBACH

FERDINAND VON SAAR

LUDWIG ANZENGRUBER

EDUARD VON BAUERNFELD

sechziger bis achtziger Jahren in Wien weitgehend das „literarische Leben" ausmachten, zeigt, daß es auch in der Ringstraßen-Ära eine wesentliche Literatur gegeben hat. Dazu gehörte schließlich auch ein stark vom Liberalismus geprägter Journalismus, dessen beste Vertreter als Vorläufer einer realistischen Prosa der nachfolgenden Jahrhundertwende gelten können.

Einen extremen Liberalismus vertrat bis 1867 die „Morgenpost", ein Wiener Lokalblatt, das u.a. den Literaturhistoriker Emil Kuh (1828 bis 1876), Friedrich Schlögl, Ludwig Anzengruber und Moritz Szeps (1835 bis 1902) zu seinen Mitarbeitern zählte. Nach einer „Redaktionsrevolte" verließen damals die wichtigsten Redakteure und Mitarbeiter unter Führung von Szeps die „Morgenpost" und wechselten zum kurz vorher gegründeten „Neuen Wiener Tagblatt", das Szeps zuerst als Eigentümer, später als Herausgeber zum Sprachrohr des politischen Liberalismus machte. Neben der „Wiener Zeitung", der seit 1848 existierenden „Presse" und der „Neuen Freien Presse", 1864 von Michael Etienne und Max Friedländer gegründet, wurde das „Neue Wiener Tagblatt" unter Szeps eine der wichtigsten und einflußreichsten Zeitungen in Wien.

DANIEL SPITZER

Daß das Feuilleton in der liberalen Ära immer mehr zu einer bedeutenden literarischen Gattung wurde, verdankte es nicht nur, aber doch auch wesentlich dem jüdischen Einfluß in der Presse. Journalisten wie Friedländer, Szeps oder Spitzer waren bereits Vorläufer jener literarischen Hochblüte, die gegen Ende des Jahrhunderts einsetzte, 1938 ihr erzwungenes Ende in Wien fand und zu deren Vertretern eine bedeutende Reihe jüdischer Intellektueller und Schriftsteller zählte.

Doch bevor es zu dieser Blüte, die auch einen Höhepunkt des „literarischen Kaffeehauses" markiert, kam, waren die Wiener Kaffeehäuser verwaist. Nicht daß es sie nicht gegeben hätte oder daß sich nicht hier und da Schriftsteller oder Journalisten im Kaffeehaus getroffen hätten. Aber Mittelpunkte des literarischen Lebens waren sie in keinem Fall.

Es war die Zeit des Liberalismus, und Schriftsteller wie Journalisten vertraten – wenn auch auf unterschiedliche Art – den Liberalismus ihrer Zeit, damals eine elitäre und weitgehend auf das Bürgerliche begrenzte Idee. Von diesem Liberalismus behauptete später Hermann Bahr mit Recht: „Er blieb immer im Salon, er ging nicht hinaus... Die Wiener Liberalen wurden verhöhnt, weil sie sich niemals recht zu Versammlungen entschließen wollten... sie scheuten das Volk."

Es waren die bürgerlichen Salons, in denen die Ebner-Eschenbach und Saar, Bauernfeld und Wilbrandt verkehrten, literarisch-gesellschaftliche Jours fixe, die mehr oder weniger dem Salon der 1843 gestorbenen Karoline Pichler nacheiferten. In der Skizze „Wiener Salonszenen" schilderte 1844 Adalbert Stifter – aus Rücksicht auf die Zensur ohne Namen zu nennen – ein anderes Vorbild, nämlich den Salon der Henriette von Pereira, Tochter der Fanny Arnstein, in deren Salon zu Zeiten des Wiener Kongreß' Politik gemacht wurde. Das wesentlichste Element damals wie später war die absolut zwanglose Begegnung. Da gab es „keine Etikette des Sitzens, Gehens, Stehens, Grüßens" (Stifter).

Gäste empfangen und literarischen Umgang gepflegt hatte Josephine von Wertheimstein

FERDINAND KÜRNBERGER

schon vor 1848, doch nachdem sie und ihr Gatte, der Bankier Leopold von Wertheimstein, 1870 ein Haus in Döbling bezogen hatten, wurde der Wertheimsteinsche Salon zum bedeutendsten privaten Treffpunkt der Wiener Literatur. Karlheinz Rossbacher betont, wie sehr hier der äußeren Zwanglosigkeit auch eine geistige Ungebundenheit entsprach: „Josephines ästhetischer Sinn ist konservativ, Lenaus Lyrik steht ihr nahe, die Musik Richard Wagners lehnt sie ab, dem Naturalismus kann sie nichts abgewinnen, der junge Hofmannsthal berührt sie mit seinen Gedichten, ohne daß sie sie gleich erfaßt. Der Salon Wertheimstein war kein Salon der literarischen Ismen." Hier verkehrten der alte Freund des Hauses Eduard von Bauernfeld, der immer wieder diskret unterstützte Ferdinand von Saar, die Ebner-Eschenbach und Wildbrandt, der Philosoph Franz Brentano und der junge Hofmannsthal ebenso wie die Maler Franz Lenbach, Hans Makart und Moritz von Schwind.

HEINRICH LAUBE

Daneben hatte eine Reihe anderer Damen der Gesellschaft ihren literarischen Jour. Bei Flora Galliny, die selbst unter dem Pseudonym Bruno Walden für die „Wiener Zeitung" schrieb, trafen sich deren Chefredakteur, der Schriftsteller Friedrich Uhl, Ludwig August Frankl, Marie von Ebner-Eschenbach, Heinrich und Iduna Laube und die Lyrikerin Betty Paoli.

In der Burgtheater-Direktorenzeit Heinrich Laubes empfing seine Frau Iduna regelmäßig vor Vorstellungsbeginn, „allerdings mit dünnem Kaffee und billigen Zigarren, wie Ludwig Hevesi vermerkte" (Rossbacher). Auch Rosa Gerold, Gattin des bekannten Verlagsbuchhändlers, und Max und Regine Friedländer luden zu dieser Zeit in ihre Salons.

Das neue Burgtheater am Ring

Natürlich führte auch der Adel ein reges gesellschaftliches Salonleben, an dem allerdings die Literatur kaum teilnahm. Eine Ausnahme bildete allein die Fürstin Marie von Hohenlohe. Ihr Gatte Constantin war von 1866 bis 1896 Obersthofmeister, u. a. für die künstlerische Ausgestaltung der Ringstraße zuständig und damit auch die Schlüsselfigur für die staatliche und kaiserliche Kunstförderung. Die literarischen Interessen vertrat allerdings allein die Fürstin, die besonders mit Hebbel und Saar auf freundschaftlichem Fuße stand.

Eine merkwürdige Mischung von Politik, Wirtschaft, Wissenschaft und Kultur bot der Salon des Ringstraßen-Barons Eduard Todesco, auf dessen bildschöne Frau Eduard von Bauernfeld spöttisch reimte:

„Jedes Bild hat seinen Schatten, jede Frau hat ihren Gatten."

Todesco war auf seine Weise ein Original, dessen unfreiwillig komische Sprüche stets in Wien die Runde machten. Berühmt wurde sein Ausspruch angesichts des ihm vorgelegten übervollen Terminkalenders: „Ja bin ich denn a Vogerl, daß ich an zwei Orten zugleich sein kann?" Zu den wiederkehrenden Gästen in seinem Palais gegenüber der neuerbauten Hofoper gehörte neben dem liberalen Politiker Ernst von Plener, den Industriellen Ludwig Lobmeyr und Nikolaus Dumba, den Schriftstellern Bauernfeld und Saar später auch der junge Hofmannsthal.

In einer Zeit, die weitgehend von den wirtschaftlichen Interessen der Industrialisierung, die vom Geld und vom Geldadel beherrscht wird, kommt es auch zu einer verstärkten Kommerzialisierung des Literaturbetriebs. Sie ergibt sich notwendigerweise aus dem Status des unabhängigen Schriftstellers, der – nicht beamtet wie etwa noch Grillparzer und keinem Brotberuf nachgehend – nun völlig von den Erträgen seiner schriftstellerischen Leistung abhängig wird, von Honoraren und Tantiemen seinen Lebensunterhalt finanzieren muß. Der „freie" Schriftsteller ist ein sozialer Status, der sich erst langsam im 19. Jahrhundert durchsetzt. Zwei höchst gegensätzliche Beispiele, mit diesem Problem „fertig" zu werden, sind Ferdinand von Saar und Ludwig Anzengruber.

Mit 26 Jahren nahm der k. k. Offizier Saar seinen Abschied, um fortan als freier Schriftsteller zu leben. In realistisch-psychologischen Erzählungen und Novellen schilderte er in sensibler Nuancierung die Wiener Gesellschaft und die Verfallserscheinungen der Monarchie. Privat entzog er sich weitgehend dem gesellschaftlichen Verkehr mit Schriftstellerkollegen und Journalisten, weigerte sich auch, für Zeitungen und Zeitschriften zu schreiben, um durch solche Gelegenheits- oder Auftragsarbeiten seine finanzielle Lage aufzubessern. Dadurch war er ständig auf private Unterstützungen und öffentliche Subventionen, die ihm seine Freunde gelegentlich verschaffen konnten, angewiesen, darunter vor allem Josephine von Wertheimstein und Marie von Ebner-Eschenbach. Zeitweise ohne eigenen Haushalt, lebte er auf den Schlössern oder Landgütern seiner wohlhabenden Freunde. Wegen einer schweren Krankheit und nicht wegen der gigantisch angewachsenen Schulden nahm sich Saar mit 73 Jahren das Leben.

Anders als Saar kam Ludwig Anzengruber aus kleinbürgerlichen Verhältnissen. Sein früh verstorbener Vater, ein kleiner Beamter, hatte selbst literarische Ambitionen, aber nie im Leben etwas veröffentlicht. Eine begonnene Buchhandelslehre brach der Zwanzigjährige ab und wurde Schauspieler in der Provinz und bei Wanderbühnen. Seine literarischen und vor allem dramatischen Versuche aus dieser Zeit hat er zum großen Teil später vernichtet.

1866 kehrte er zurück nach Wien, bekam kleine Rollen am Harmonietheater in der Roßau (später „Danzers Orpheum") und am Varietétheater in Schwenders Vergnügungspark „Neue Welt" in Hietzing. Daneben versuchte er sich als Autor für die Volkssänger, bekam einen Gulden für ein Couplet oder eine Soloszene, aber auch Schwierigkeiten mit der Zensur. Für O. F. Bergs neugegründete satirische Zeitschrift „Kikeriki" schrieb er Witze und gelegentlich kurze Erzählungen für den „Wanderer". Unter den armseligsten Verhältnissen zusammen mit seiner Mutter lebend, ergatterte er Anfang 1870 eine Stellung als Kanzlist bei der Polizei.

Doch in diesem Jahr kam die Wende. Ohne große Hoffnung hatte er Maximilian Steiner, dem Mitdirektor Marie Geistingers am Theater an der Wien, sein Stück „Der Pfarrer von Kirchfeld" geschickt, das am 5. November 1870 dort uraufgeführt wurde und Anzengruber

mit einem Schlag bekannt machte. Mit dem „Meineidbauer" zwei Jahre später und der Komö-
die „Die Kreuzelschreiber" konnte er diesen Erfolg noch fortsetzen. Sein hochdeutsches
Drama „Elfriede", mit dem er das Burgtheater zu erobern hoffte, wurde ein Mißerfolg.

Im Frühjahr 1871 hatte Anzengruber seinen Kanzlistenposten wieder aufgegeben und
schrieb nun mit wechselndem Erfolg Theaterstücke, Romane und Erzählungen, darunter vieles für Zeitungen und Zeitschriften. Nur durch diese Vielseitigkeit und seinen Fleiß konnte
er sich einen bescheidenen Lebensunterhalt sichern, ohne es je zu nennenswertem Wohl-
stand zu bringen.

Seine Theaterstücke mit stark volksaufklärerischer Tendenz und naturalistischer Färbung
verschafften dem Wiener Volksstück und der Dialektkomödie noch einmal einen literarischen Höhepunkt, antiklerikal und gesellschaftskritisch, aber auch bühnenwirksam und voll

DAS HOTEL KUMMER IN MARIAHILF

realistischem Humor. Folgerichtig wurde er
noch kurz vor seinem Tod Gründungsmitglied
des Deutschen Volkstheaters, dessen Eröffnung
in seinem Geist und mit seinem Stück „Der Fleck
auf der Ehr'"er am 14. September 1889 noch erlebte.

Nach dem Erfolg seines „Pfarrers von Kirchfeld" ergaben sich für Anzengruber zahlreiche
Begegnungen mit Schriftstellerkollegen und
den Vertretern des literarischen Lebens in Wien,
Theaterleuten, Journalisten, Verlegern, aus denen oft lebenslange Freundschaften wurden. Einer der ersten, die seine Bekanntschaft suchten,
war Friedrich Schlögl, an dessen Stammtisch-
runde in Zetts Weinstube Am Hof er nun oft teilnahm. In Graz, wohin er zur Aufführung des

„Pfarrers von Kirchfeld" geladen wurde, lernte er Peter Rosegger kennen, mit dem ihn von da an eine dauernde Freundschaft verband. Ungetrübt bis zu seinem Tode blieb auch die Freundschaft mit dem Schauspieler Ludwig Martinelli, Anzengrubers liebstem „Wurzelsepp", der zuerst am Theater an der Wien, später nach einem Engagement in Prag als Schauspieler und Regisseur am Carltheater wirkte und nach 1889 noch am Deutschen Volkstheater zahlreiche Anzengruber-Rollen spielte. Martinelli war auch zumeist Mitbegründer der zahlreichen „Anzengruben", wie die wechselnden Stammtische der Runde bald genannt wurden. Etwas später stieß noch der aus Thüringen stammende junge Karikaturist Ernst Juch dazu, ebenfalls bis zuletzt einer der treuesten Freunde Anzengrubers.

Gern traf man sich in der Gauseschen Bierhalle, wo neben den Journalisten Ludwig Speidel, Daniel Spitzer und Hugo Wittmann auch der stets unwirsche Johannes Brahms verkehrte. Seiner mürrischen Grobheit hatte er die Legende zu verdanken, daß er sich dort angeblich eines Abends mit den Worten verabschiedete: „Ich bitte tausendmal um Entschuldigung, falls ich jemanden unter ihnen heute nicht beleidigt haben sollte."

Eine langjährige „Anzengrube" war das Restaurant im Hotel „Kummer" in der Mariahilfer Straße. Als der vierunddreißigjährige Anzengruber 1873 die siebzehn Jahre jüngere Adelinde Lipka heiratete und gleich nach der offiziellen Zeremonie mit seiner Braut Trauzeugen und Freunde verließ, zogen diese allein in die Mariahilfer Straße, um diesen freudigen Anlaß im „Kummer" zu ertränken. Diese „Anzengrube" dürfte ein Grund gewesen sein, daß Rosegger, wenn er nach Wien kam, im Hotel Kummer abstieg.

1884 übernahm Anzengruber die Redaktion des „Figaro", nicht zuletzt, um sich durch ein gutes, regelmäßiges Monatseinkommen finanziell abzusichern, was Rosegger den bitteren Kommentar abnötigte: „Der größte Tragiker unserer Zeit, der muß ein Witzblatt machen, ein tragischer Witz bei meiner Seel', man möchte Tränen lachen." In den nächsten Jahren fanden nun die Redaktionssitzungen des „Figaro" zumeist im Speisesaal des Hotels Kummer statt.

Es mag an der Taglohnarbeit, der Anzengruber zeit seines Lebens nachgehen mußte, gelegen haben, daß zu seinem Kreis – abgesehen von persönlichen Freunden – hauptsächlich Journalisten und weniger die Dichter-Kollegen gehörten. Auch traf man sich eher beim Wein oder Bier als beim Kaffee; ein typisches „literarisches Kaffeehaus" ist aus dieser Zeit überhaupt nicht überliefert. Die vielleicht einzige Ausnahme war das Café des Josef Gabesam, das dieses stadtbekannte Original 1837 in der Mariahilfer Straße 84 eröffnet hatte und in dem viel nobles Weiß und Gold den falschen Marmor zierte.

Bei Papa Gabesam saßen manchmal Anzengruber, Martinelli, Schlögl und andere aus der Runde beim Tarock- oder Pikettspiel mitten unter den eingesessenen biederen Geschäftsleuten und Gewerbetreibenden aus Mariahilf. 1883 starb mit Josef Gabesam auch das Kaffeehaus.

Es ist bezeichnend für die erwähnte Kommerzialisierung des Literaturbetriebs, daß es damals vor allem zwei Orte gab, wo schließlich doch (fast) alle, die mit diesem Literaturbetrieb zu tun hatten, sich immer wieder begegneten.

Da war einmal der Schriftsteller- und Journalistenverein „Concordia", bereits 1840 von dem Volksdramatiker Friedrich Kaiser, übrigens ein wesentliches Vorbild Ludwig Anzengrubers, gegründet, aber erst in den Jahren nach 1848 zu regem gesellschaftlichen Leben erwacht. Privater und zufälliger waren die Zusammenkünfte in der Buchhandlung des Verlegers Leopold Rosner in der Tuchlauben. Gemütlich durfte man Erfahrungen, berufliche und literarische Probleme und nicht zuletzt gesellschaftlichen Klatsch bei einem Glas Wein austauschen. Hier konnte man sie alle treffen: Anzengruber, der bei Rosner verlegte, Kürnberger, Wilbrandt, Ada Christen, Bauernfeld, Schlögl, Spitzer und gelegentlich auch die Ebner-Eschenbach.

Diese fünfziger, sechziger und siebziger Jahre waren für Wien eine politisch und wirtschaftlich höchst bewegte Zeit, eine Epoche des Umbruchs, den die Literatur dieser Jahre so ungenügend reflektierte, daß sie der Kulturgeschichtsschreibung als vernachlässigbar erschien, ebenso wie die in ihrer literarischen Bedeutung zum Teil bis heute noch nicht anerkannte Gattung des damaligen „Wiener Feuilletons", in dessen Nachfolge so unterschiedliche Schriftsteller wie Kraus und Kisch, Friedell und Stefan Zweig, Polgar, Altenberg und noch viele andere bis hin zu Torberg zu sehen sind.

In einer Zeit, in der Wien sich durch die Konzeption und Realisierung der „Ringstraße" zur Großstadt entwickelte, verlor Österreich durch die Niederlage bei Königgrätz seine Vormachtstellung im Deutschen Bund, erhielt es durch den österreichisch-ungarischen Ausgleich eine Verfassung, die als erste in Europa die (bereits praktizierte) Religionsfreiheit festschrieb, erlebte es durch die Weltausstellung und den Börsenkrach 1873 einen ökonomisch heiklen Siedepunkt und bereitete sich in einer von der Operette beherrschten Kulturszene auf jenen Untergang vor, den Karl Kraus im nachhinein 1919 in den „Letzten Tagen der Menschheit" darstellte.

Eine Epoche des Umbruchs bedeutet aber nicht nur, daß ein altes Prinzip stirbt, sondern auch, daß ein neues heranwächst. Während eine bestimmte Literatur, als deren früher Exponent Ferdinand von Saar heute gesehen wird, den Verfall einer geistigen wie politischen Führungselite registriert, während ein neu aufgekommenes Großbürgertum sich noch diese dekadente Elite zum Vorbild erwählt, obwohl es gleichzeitig ganz andere Mechanismen der Macht entwickelt, erstarkt durch die geistige Führung und Fürsorge einiger liberaler Intellektueller das neue und in seiner Masse riesige Machtpotential der sozialen Klasse der Arbeiter. Gerade in Österreich dauert es ungewöhnlich lange, bis diese politische Entwicklung, die bereits 1848 einsetzt, von der Literatur wahrgenommen und reflektiert wird.

Über die mit neun Jahren erlebte Revolution schrieb Ludwig Anzengruber später: „Weiter erinnere ich mich noch an das Jahr des Unheils 1848, wo mich als neunjährigen Knaben die Freiheit mit knabenhaften Kräften anzog – ich erinnere mich, wie die Lüfte so sanft und so lau wehten; die Fackelzüge – die auf die jetzige Elisabethbrücke gestürzten Schranken, von Arbeiterfäusten hinübergelegt, sie dünkten mich recht und schön – wohl aber frei und sich selbst in acht nehmend, das war doch schöner..."

Es ist das Jahr des „Kommunistischen Manifests", mit dem sich auch in Österreich die

Zeitungen ausführlich und überwiegend ablehnend auseinandersetzen, ganz im Sinne der Regierung, die im März 1848 feststellt: „...da die unteren Klassen den Verführungen des Kommunismus oder Radikalismus fortan ausgesetzt sind, sei es mehr als jemals nötig, daß die Regierungsorgane solchen Tendenzen und Verlockungen, sobald sie sich bemerkbar machen, mit Mut und Kraft entgegentreten."

Am 23. August 1848 kommt es im Prater zu einer Demonstration der Arbeiter, an der auch Frauen und Kinder teilnehmen. Die unterprivilegierten und trotz einiger rasch, aber schlecht organisierter Notstandsarbeitsprogramme häufig beschäftigungslosen Arbeiter protestieren gegen einschneidende Lohnkürzungen bei Frauen und Jugendlichen. Die friedliche Demonstration wird blutig (22 Tote und über 300 Verwundete) von der Nationalgarde aufgelöst. Diese wird vom national-liberalen Bürgertum befehligt, das zu diesem Zeitpunkt glaubt, seine Ziele bereits erreicht zu haben, und zugleich seine Vorrechte gegenüber der sich neu formierten Arbeiterklasse verteidigen will. Dieser unrühmliche bürgerkriegsähnliche Vorfall innerhalb der einzigen Revolution, die es in Österreich gab, ist später als „Praterschlacht" in die Geschichtsbücher eingegangen.

Selbstverständlich findet die Praterschlacht in der in- und ausländischen Presse ein lebhaftes Echo, wobei von den meisten Zeitungen besonders das harte und rigorose Vorgehen der Nationalgarde gegen die Arbeiter kritisiert wird. In den von Ludwig August Frankl redigierten „Wiener Sonntagsblättern" kann man lesen: „Es ist nicht zu leugnen, daß das Ministerium den Krawall einzig und allein prolongiert... Es setzte zuerst den Arbeitspreis der Weiber herab, sodann wollte es den Lohn der Männer herabsetzen und die Leute mittels der Unmöglichkeit, vom Taglohn zu leben, zur Akkordarbeit nötigen..."

Vier Tage nach der Praterschlacht kam Karl Marx, damals auch Chefredakteur der „Neuen Rheinischen Zeitung", zum ersten Mal nach Wien. In den folgenden zehn Tagen knüpfte er Kontakte zu mehreren linken Demokraten und hielt drei Vorträge, u. a. im neugegründeten (und später wieder verbotenen) „Ersten Wiener Arbeiterverein".

Erstmals hatte sich also 1848 eine politische „Linke" formiert, die sich für die Rechte und

Interessen der Arbeiter einsetzte. Übrigens schlug in diesem Jahr auch die Geburtsstunde der Frauenemanzipation: Am 28. August versammelten sich mehrere hundert Frauen im Volksgarten, um eine eigene demokratische Organisation zu gründen. Beide Bewegungen wurden in den folgenden Jahren von der Reaktion unterdrückt und bekämpft. Erst 40 Jahre später sollte es zur Gründung der Sozialdemokratischen Partei kommen.

In den Jahrzehnten nach der Achtundvierziger-Revolution bleibt das Anliegen der Sozialdemokraten ein rein politisches. Kein einziger österreichischer Literat nimmt sich dieses Themas an. Am ehesten wird noch der von einem sich emanzipierenden Bürgertum getragene Liberalismus in der Literatur der Zeit reflektiert. Zwar finden sich in einigen Werken Ludwig Anzengrubers durchaus sozialkritische Aspekte, doch seine Protagonisten sind fast immer Dorfbewohner, ein Milieu, das er zwar kennt und studiert hat, das für ihn als Wiener jedoch ferner sein mußte als das großstädtische Proletariat.

In seinen letzten Lebensjahren besucht er öfter ein Kaffeehaus in der Inneren Stadt. Sein Cafetier Gabesam in Mariahilf ist bereits gestorben, seine journalistischen Kollegen und Stammtischfreunde trifft er weiterhin im „Kummer" oder in der „Pilz'schen Bierhalle"; hier am Michaelerplatz sitzt er häufig allein, liest die Zeitungen oder hängt seinen Gedanken nach. Wenn er aus dem Fenster schaut, sieht er auf das dem Abbruch geweihte Burgtheater, dem noch immer seine Sehnsucht gilt.

Im Café Griensteidl, das Anzengruber hin und wieder aufsucht, sind in diesen Jahren noch wenige Literaten zu treffen. Da hat es schon eher den Ruf eines „politischen" Kaffeehauses. Ursprünglich hieß es „Café National", weshalb der antiklerikale und antisemitische deutschnationale Politiker Georg Ritter von Schönerer hier auch Stammgast war. Auch der spätere Bürgermeister Dr. Lueger war manchmal hier, ebenso die Sozialdemokraten Viktor Adler oder Engelbert Pernerstorfer. So gegensätzlich ihre politischen Anschauungen waren, das Kaffeehaus war sozusagen der neutrale Boden, wo man sich unverbindlich (und manchmal durchaus nützlich) begegnen konnte. Für die Literatur, die hier im Todesjahr Anzengrubers einzog, sollte das weit weniger gelten.

DER MICHAELERPLATZ UM DIE JAHRHUNDERTWENDE

Das „*Junge Wien*" oder Café Größenwahn

Der Chirurg Theodor Billroth war 1853 als Vierundzwanzigjähriger nach Wien gekommen. Viele Jahre später schrieb er an einen Freund in Basel: „Hier singen wir und musizieren wir und gehen ins Theater und zu Strauß und stecken mit ihm den Kopf in den Sand unserer Gemütlichkeit..." Wie diese unbeschwert heitere „Gemütlichkeit" beschaffen war, ist beispielsweise in Arthur Schnitzlers Autobiographie „Jugend in Wien" nachzulesen. Schnitzler, Sohn eines prominenten Arztes und Kehlkopfspezialisten, beschreibt darin, wie er als Student und angehender Arzt seine Zeit mit zahlreichen Freunden und wechselnden Liebschaften verbummelte. 1882 hatte sich eine Affäre mit einer gewissen Anni erledigt. „Die ihr folgte, hieß Therese und war die vielumworbene Kassierin meines Stammcafés, in dem ich vormittags Billard, nachmittags Karten, abends Billard und Karten, nachts Karten und Billard zu spielen pflegte..."

Trotz dieses angefüllten Studentenlebens versuchte sich Schnitzler schon damals neben seinem Medizinstudium im Schreiben von Gedichten und dramatischen Entwürfen, ohne daß er vorerst etwas davon veröffentlichte. 1885 verehrte er eine „hübsche Brünette", Anni Holitscher, die allerdings in einen gewissen Richard Engländer verliebt war, der – drei Jahre älter als Schnitzler – damals ebenfalls Unveröffentlichtes schrieb und sich später Peter Altenberg nennen sollte. Er galt, schreibt Schnitzler, „nur als geistreicher Sonderling und gebärdete sich in einer mir nicht ganz echt erscheinenden Weise als berufsmäßiger Neurastheniker, was ich ihm auch gelegentlich ins Gesicht sagte, ohne daß er es mir übelgenommen hätte."

Auch bei der feschen jungen Wirtin Olga Waissnix aus Reichenau, Tochter des „Südbahnwirts" Schneider, dem auch der Wiener „Stefanskeller" gehörte, kam Schnitzler später noch einmal P. A., wie sich Peter Altenberg selbst gern nannte, ins Gehege. Denn Altenberg war bis ins Alter ein leidenschaftlicher „Sammler" junger Mädchen.

Der Arzt und Schriftsteller Arthur Schnitzler (1862 bis 1931) läßt seine Jugend-Autobiographie im Jahr 1889 enden, jenem Jahr, in dem auch seine ersten dramatischen Szenen in Zeitschriften veröffentlicht werden. Der berühmte Burgtheater-Mime Adolf von Sonnenthal, ein Freund seines Vaters, hatte sie wie schon Früheres gelesen und wohlwollend beurteilt. (Als Kehlkopfspezialist betreute Johann Schnitzler viele Wiener Schauspieler und Sänger und war mit einer Reihe von ihnen freundschaftlich verbunden.)

Am 12. Oktober 1888 fand im „alten" k. k. Burgtheater am Michaelerplatz mit Goethes „Iphigenie auf Tauris" die letzte Vorstellung statt. Zwei Tage später wurde das neue Haus am Ring eröffnet. Gegenüber dem nun zum Abbruch bestimmten alten Burgtheater lag das Café Griensteidl im Erdgeschoß des Palais Dietrichstein am Beginn der Schauflergasse, Ecke Herrengasse. Dort registrierte der Zahlkellner Franz schon bald einen spürbaren Wechsel der Stammgäste: Die Herren Burgtheaterschauspieler kamen immer seltener, dafür tauchten einige junge, elegant gekleidete Herren auf, die sich hauptsächlich über Literarisches unterhielten.

Von den jungen Wiener Dichtern, die sich ab dem Ende der achtziger Jahre hier im Griensteidl mehr oder weniger regelmäßig trafen, waren vermutlich Theodor Herzl (1860 bis 1904) und Arthur Schnitzler die einzigen, die auch schon früher hier eingekehrt waren. Viele der Schauspieler, die hier saßen, verkehrten auch in Schnitzlers Elternhaus. Und auch Herzl, der ehemalige Jurist und nunmehrige Journalist und Schriftsteller, hatte dramatische Ambitionen, wenn auch seine frühen Gesellschaftsstücke bald wieder vergessen waren.

Das legendärste der berühmten Wiener Literaten-Cafés wurde schon 1847 von dem ehemaligen Apotheker Heinrich Griensteidl eröffnet. Den Berufswechsel zum Kaffeesieder hatte Griensteidl schon 1844 vollzogen, als er sein erstes Kaffeehaus in der Biberstraße aufsperrte; doch die zentrale Lage am Michaelerplatz gegenüber dem Burgtheater war natürlich viel attraktiver als das Stubenviertel.

Neben den Theaterleuten verkehrten im „National", wie das Kaffeehaus zu Anfang hieß, Politiker aller Couleurs, die wiederum Journalisten und auch höhere Beamte als Gäste nachzogen. Der Zahlkellner „Schorsch" (Georg) war ein Marqueur der alten Schule und hatte für alle seine Gäste ein aufmerksames Auge – ein zu aufmerksames und noch von Metternich und Sedlnitzky geschultes Auge, denn bei der Zensurbehörde war es stets bekannt, welche Gäste im „National" regelmäßig die ausländischen Journale lasen. So flog „Schorsch" eines Tages im hohen Bogen hinaus; seine Nachfolger hießen Franz und Heinrich, und das „National" nannte sich von nun an „Café Griensteidl".

Die meisten Gäste blieben auch weiterhin, und nur einige wenige wechselten jetzt endgültig ins „Café Daum" in der Wallnerstraße, wo von jeher die Aristokraten, Offiziere (weshalb das „Daum" auch „Wallensteins Lager" genannt wurde), konservative Beamte und Journalisten verkehrten. Weniger konservativ war dort die neue Einrichtung, denn Frau Anna Daum, die Besitzerin, hatte 1849 als erste ihr Lokal mit den neuen Sesseln aus gebogenem Holz eingerichtet, jenem berühmten Thonet-Stuhl Nummer 4.

Auch Griensteidl war sehr um das Wohl seiner Gäste bemüht, mehr als man von einem „gewöhnlichen" Kaffeesieder selbst in Wien erwarten konnte: Stets war für die Gäste ausreichend Papier und Schreibgerät vorhanden, außerdem dürfte es damals das einzige Kaffeehaus gewesen sein, in dem neben der großen Zahl von Zeitungen und Journalen auch sämtliche Bände von Meyers Conversationslexikon auflagen.

CAFÉ GRIENSTEIDL

FELIX SALTEN

RICHARD BEER-HOFMANN

HERMANN BAHR

LEOPOLD VON ANDRIAN-WERBURG

Zum literarischen Kaffeehaus wurde das „Griensteidl" erst im letzten Jahrzehnt seines Bestehens. Sein Ruf war so international, daß es keinen ausländischen Dichter oder Literaten gab, der bei einem Besuch in Wien nicht ins „Griensteidl" gekommen wäre.

Am meisten von sich reden machte der Tisch mit den jungen, eleganten Dichtern aus gutem Hause: Arthur Schnitzler – er war der älteste –, Richard Beer-Hofmann (1866 bis 1945), Felix Salten (1869 bis 1947) – der eigentlich Siegmund Salzmann hieß –, Leopold Freiherr von Andrian-Werburg (1875 bis 1951) und schließlich der blutjunge Gymnasiast Hugo von Hofmannsthal (1874 bis 1929), der im Herbst 1890 erstmals ins „Griensteidl" kam, nachdem er soeben unter dem Pseudonym Loris seine ersten Gedichte veröffentlicht hatte.

Sie alle waren jüdischer Herkunft, wenn auch aus längst assimilierten bürgerlichen Elternhäusern, weshalb es ihnen – mit Ausnahme Beer-Hofmanns – weder wichtig noch besonders bewußt war. Hin und wieder erschien am Tisch des „Jungen Wien" ein breitschultriger Nicht-Jude mit wehendem Haar und ebensolchem Bart: Hermann Bahr (1863 bis 1934), Dichter, Kritiker und Entdecker aller literarischen Moden zwischen Wien, Berlin und München. In Berlin hatte er gerade den Naturalismus entdeckt und kam öfter zu Besuch, bevor er 1894 wieder nach Wien übersiedelte. Während des Ersten Weltkriegs lebte er in Salzburg und ging 1922 mit seiner Frau, der Wagner-Sängerin Anna Bahr-Mildenburg, nach München.

Die Dichter des „Jungen Wien", dem das „Griensteidl" auch die Bezeichnung „Café Größenwahn" verdankte (sie wurde später auf das „Café Central" und noch später auf das Berliner „Romanische Café" übertragen), errangen schon in erstaunlich jungen Jahren literarische Anerkennung, waren aber fast alle finanziell so unabhängig, daß sie die Literatur nicht zugleich als Brotberuf ausüben mußten. Es war eine Existenz, die sie abhob vom allgemeinen Literaturbetrieb.

Stefan Zweig (1881 bis 1942), der schon als literaturbegeisterter Gymnasiast im „Griensteidl" Kontakte zu den Dichtern des „Jungen Wien" knüpfte, erinnert sich in „Die Welt von Gestern" an dieses Phänomen: „Aber es war noch etwas anderes, was uns an dieser neuen

HUGO VON HOFMANNSTHAL

Kunst so maßlos interessierte und faszinierte: daß sie fast ausschließlich eine Kunst junger Leute war. In der Generation unserer Väter kam ein Dichter, ein Musiker erst zu Ansehen, wenn er sich erprobt, wenn er sich der gelassenen, der soliden Geschmacksrichtung der bürgerlichen Gesellschaft angepaßt hatte. Alle Männer, die zu respektieren man uns gelehrt hatte, benahmen und gebärdeten sich respektabel. Sie trugen ihre schönen, graumelierten Bärte – Wilbrandt, Ebers, Felix Dahn, Paul Heyse, Lenbach, diese heute längst verschollenen Lieblinge jener Zeit – über poetischen Samtjacken."

Seine besondere Bewunderung galt damals Hofmannsthal, dem nur sechs Jahre älteren, und er berichtet, wie dieser auch Bahr und Schnitzler mit seinen sprachlich vollendeten Gedichten und dramatischen Szenen überraschte. Zweig: „,Ich hatte', sagte mir Schnitzler, ,das Gefühl, zum erstenmal im Leben einem geborenen Genie begegnet zu sein, und ich habe es in meinem ganzen Leben nie mehr so überwältigend empfunden,' Wer so mit sechzehn begann – oder vielmehr nicht begann, sondern schon vollendet war im Beginnen –, mußte ein Bruder Goethes und Shakespeares werden."

Auch Zweig, Sohn eines Industriellen, war frei von finanziellen Sorgen, studierte in Wien und Berlin Philosophie, Germanistik und Romanistik und unternahm große Reisen durch Europa, Nordafrika, Indien, Mittel-

ARTHUR SCHNITZLER

und Nordamerika. 1919 erwarb er in Salzburg am Hang des Kapuzinerberges ein Haus mit Blick auf die Stadt und die Alpenkette. Hier fühlte er sich im Mittelpunkt Europas, „...zweieinhalb Eisenbahnstunden nach München, fünf Stunden nach Wien, zehn Stunden nach Zürich oder Venedig und zwanzig nach Paris...". 1938 emigrierte er zuerst nach London, wo er einen zweiten Wohnsitz besaß, später über New York nach Brasilien, wo er, verzweifelt über die Zerstörung des geistigen Europa, sich 1942 zusammen mit seiner zweiten Frau das Leben nahm.

Zweig war literarisch ungemein fruchtbar, wobei seine Gedichte, Erzählungen und Dramen trotz der ihm eigenen eleganten Sprache weniger bedeutsam sind als seine Biographien, essayistischen und autobiographischen Werke, die nicht zuletzt auch seine umfassende historische Bildung belegen. „Zweig, der Schriftstellereibesitzer", spottete Egon Friedell in Anspielung auf die vielen, meist erfolgreichen Bücher, die er veröffentlichte, und bezeichnete ihn auch als „Erwerbszweig". Als Zweig einmal in Salzburg den Dramatiker Carl Zuckmayer in ein langes, angeregtes Gespräch verwickelte und man „Zuck" später fragte, um was es denn Wichtiges gegangen sei, meinte dieser: „Nichts Besonderes. Er hat mir nur den neuesten Klatsch aus der Französischen Revolution erzählt."

Nicht so finanziell unabhängig wie seine Jungwiener Kollegen war der spätere Erfinder des „Bambi", Felix Salten, der trotz eines vielseitigen und umfangreichen literarischen Werkes sich stets auch als Kritiker und Zeitungsredakteur sein Brot verdiente. Jahre später notierte er seine Erinnerungen an die „Griensteidl"-Zeit.

Etwa an „Hermann Bahr, eben aus Paris zurückgekehrt... Er trug ganz die Tracht eines Montmartre-Menschen, Pepita-Beinkleider, Sakko aus braunem Samt und dazu den Zylinder. Er regte alle auf und regte alle an durch die Verwegenheit seines Geistes, der in Wort und Schrift nur so Funken spritzte."

Oder ein Besuch aus München: „Otto Erich Hartleben kam und trat in einem sonderbaren Kostüm an unseren Tisch. Er hatte einen Smoking, ein Jägerhemd, einen Zelluloidkragen, eine knallrote Krawatte, die wie ein breiter Blutstreifen bis zum Gürtel hinunter rann, er trug gelbe Flanellhosen und weiße Strandschuhe. Dreist und gottesfürchtig erklärte er: ‚Das ist die am meisten praktische Reisetoilette für einen Herrn. Da ist man immer gesellschaftsfähig, ist immer sowohl für den Salon wie für das Coupé und für die Promenade angezogen.‘ In unsere Heiterkeit stimmte er unbefangen mit ein und es ist keineswegs entschieden, ob er wirklich an die allumfassende Tauglichkeit seiner Kleidung geglaubt oder aus der Not nur eine Tugend gemacht hat.“

Auch bei der Entdeckung des Dichters Peter Altenberg (1859 bis 1919) war Salten Zeuge. Ohne seine Identität zu kennen, war er schon vorher den Jungwienern als Original bekannt. Gelegentlich wanderten sie, wenn das „Griensteidl“ spätabends seine Pforten schloß, noch in ein verruchtes und auch von Damen zu Gewerbezwecken besuchtes Nachtcafé in der Innenstadt. Dort saß gewöhnlich ein junger Mann, „nachlässig gekleidet, mit hängendem dichten Schnurrbart, dessen Gesellschaft außerordentlich amüsant war. Er hieß Richard Engländer und beschäftigte sich mit dem Verkauf importierter ägyptischer Zigaretten.“

Eines Abends lud Beer-Hofmann die Runde zu sich nach Hause ein, um ihr das Manuskript eines Unbekannten vorzulesen, der, wie er versicherte, nicht er selbst sei. Es war, schreibt Salten, die Altenberg-Skizze „Seeufer“, und sie gefiel nicht nur, sie löste regelrechte Begeisterung aus: „Wie groß war unser Erstaunen, als uns nun Beer-Hofmann voll Freude mitteilte, der Schöpfer dieser Geschichte in Prosa sei Richard Engländer, der Zigaretten-agent aus dem Nachtcafé. Es wurde beschlossen, alle Manuskripte an den Verleger Fischer zu senden, der sich denn

PETER ALTENBERG

auch sofort bereit erklärte, das Buch zu veröffentlichen. Wir hatten einen Dichter entdeckt: Peter Altenberg."

Der Authentizität wegen hier die Geschichte dieser Entdeckung aus der Sicht Peter Altenbergs:

Ich saß im 34. Jahre meines gottlosen Lebens, Details kann eine Tageszeitung unmöglich bringen, ich saß im Café Central, Wien, Herrengasse, in einem Raume mit gepreßten englischen Goldtapeten. Vor mir hatte ich das ‚Extrablatt‘ mit der Photographie eines auf dem Wege zur Klavierstunde für immer entschwundenen fünfzehnjährigen Mädchens. Sie hieß Johanna W. Ich schrieb auf Quartpapier infolgedessen, tieferschüttert, meine Skizze ‚Lokale Chronik‘. Da traten Arthur Schnitzler, Hugo von Hofmannsthal, Felix Salten, Richard Beer-Hofmann, Hermann Bahr ein. Arthur Schnitzler sagte zu mir: ‚Ich habe gar nicht gewußt, daß Sie dichten!? Sie schreiben da auf Quartpapier, vor sich ein Porträt, das ist verdächtig!‘ Und er nahm meine Skizze ‚Lokale Chronik‘ an sich. Richard Beer-Hofmann veranstaltete nächsten Sonntag ein ‚literarisches Souper‘ und las zum Dessert diese Skizze vor. Drei Tage später schrieb mir Hermann Bahr: ‚Habe bei Herrn Richard Beer-Hofmann Ihre Skizze vorlesen gehört über ein verschwundenes fünfzehnjähriges Mädchen. Ersuche Sie daher dringend um Beiträge für meine neugegründete Wochenschrift Die Zeit!‘ Später sandte Karl Kraus, auch der Fackel-Kraus genannt, weil er in die verderbte Welt die Fackel seines genial-lustigen Zornes schleudert, um sie zu verbrennen oder wenigstens ‚im Feuer zu läutern‘, an meinen jetzigen Verleger S. Fischer, Berlin W., Bülowstraße 90, einen Pack meiner ‚Skizzen‘, mit der Empfehlung, ich sei ein Original, ein Genie, einer, der anders sei, nebbich. S. Fischer druckte mich, und so wurde ich! Wenn man bedenkt, von welchen Zufälligkeiten das Lebensschicksal eines Menschen abhängt! Nicht!? Hätte ich damals, im Café Central, gerade eine Rechnung geschrieben, über die seit Monaten nicht bezahlten Kaffees, so hätte Arthur Schnitzler sich nicht für mich erwärmt, Beer-Hoffman hätte keine literarische Soiree gegeben, Hermann Bahr hätte mir nicht geschrieben. Karl Kraus freilich hätte meinen Pack Skizzen unter allen Umständen an S. Fischer abgeschickt, denn er ist ein ‚Ei-

gener', ein ‚Unbeeinflußbarer'. Alle zusammen jedoch haben mich ‚gemacht'. Und was bin ich geworden?! Ein Schnorrer!'

An anderer Stelle berichtet P. A. die Antwort seines Vaters, eines gebildeten bürgerlichen Kaufmanns, als man ihn fragte, ob er nicht stolz wäre, daß sein Sohn ein Dichter geworden sei: „Ich war nicht sehr gekränkt, daß er 30 Jahre ein Tunichtgut gewesen ist. So bin ich nicht sehr geehrt, wenn er jetzt ein Dichter ist! Ich gab ihm Freiheit. Ich wußte, daß es ein Vabanque-Spiel sei. Ich rechnete auf seine Seele!" Und P. A. fährt fort: „Jawohl, edelster, merkwürdigster aller Väter, lange habe ich dein göttliches Geschenk der Freiheit mißbraucht, habe edle und ganz unedle Damen heiß geliebt, bin in Wäldern herumgelungert, war Jurist, ohne Jus zu studieren, Mediziner, ohne Medizin zu studieren, Buchhändler, ohne Bücher zu verkaufen, Liebhaber, ohne je zu heiraten, und zuletzt Dichter, ohne Dichtungen hervorzubringen! Denn sind meine kleinen Sachen Dichtungen?! Keineswegs. Es sind Extrakte! Extrakte des Lebens. Das Leben der Seele und des zufälligen Tages..."

Altenberg kam zwar in den neunziger Jahren gelegentlich auch ins „Griensteidl", wo seine „Entdecker" hauptsächlich residierten, doch seine eigentliche Heimatadresse war das bereits seit 1868 bestehende „Café Central", das 1897 das „Griensteidl" als Residenz der Literaten ablösen sollte. In Wahrheit galt für den Kaffeehausbesuch nicht das Ausschließlichkeitsprinzip, sondern eher das der Bevorzugung. Man hatte zwar sein Stammcafé, was aber niemanden hinderte, auch in anderen Lokalen, unter Umständen auch häufig oder sogar mit einer gewissen Regelmäßigkeit, zu verkehren.

Die in der Wiener literarischen Kaffeehausgeschichte stets beschriebene Chronologie der Ären – 1815 bis 1848 „Silbernes Kaffeehaus" – 1848 bis 1897 „Griensteidl" – 1897 bis 1918 „Central" – 1918 bis 1938 „Herrenhof" – ist nur zum Teil richtig. Einmal waren die tatsächlichen literarischen Blütezeiten des „Silbernen Kaffeehauses" und des „Griensteidl" sehr viel kürzer, zum anderen vollzogen sich die Wechsel von einem Kaffeehaus zum nächsten nie wirklich so abrupt – manche Gäste blieben noch eine Weile, andere gingen dorthin, wo andere schon vorher heimisch geworden waren; abgesehen von dem Ende des „Griensteidl", das tatsächlich 1897 zusperrte. Und schließlich gab es noch eine Reihe anderer Kaffeehäuser und Lokale, die zwar nicht die Berühmtheit der genannten erreichten, sich aber dank mancher ihrer prominenten Stammgäste durchaus als „literarisch" betrachten konnten.

Als einer, der allein durch seine regelmäßige Anwesenheit ein Kaffeehaus „literarisch" machte, galt Karl Kraus (1874 bis 1936). Das Paradoxon dabei ist, daß Kraus, den Altenberg als seinen wahren und tätigen „Entdecker" ansah, ein Einzelgänger, ja Einzelkämpfer war, der sich keiner literarischen oder sonstigen Gruppe oder Schule zugehörig fühlte. Insofern ist seine „Quartiermache" mehr Legende, als sie der Wahrheit entspricht. Er war mit allen bekannt, mit vielen verfeindet und mit wenigen befreundet.

Davon war allerdings noch keine Rede, als er 1892 ins „Griensteidl" kam. Auf Wunsch des Vaters, eines jüdischen Papierfabrikanten aus Böhmen, hatte er gerade ein Jus-Studium begonnen, wechselte noch im gleichen Jahr zur philosophischen Fakultät und gab bald darauf das Studium ganz auf. Nicht zuletzt im „Griensteidl" knüpfte der Achtzehnjährige erste Kontakte zur Presse, denn alsbald wurde Kraus freier Mitarbeiter einiger Wiener und später auch deutscher Zeitungen. Nachdem ihm die „Neue Freie Presse", für die er gelegentlich geschrieben hatte, eine feste Stellung als Redakteur anbot, lehnte er ab und stellte auch die Mitarbeit ein.

Als zu Beginn des Jahres 1897 die Witwe des Cafetiers Griensteidl ein Schild an die Eingangstür heftete – „Wegen Umbau des Hauses

KARL KRAUS

wird mein seit dem Jahre 1847 bestehendes Kaffeehaus am 21. Jänner d. J. geschlossen. Susanne Griensteidl" –, nahm Karl Kraus dies zum Anlaß, seinen ersten satirischen Essay zu schreiben: „Die demolirte Literatur". Dieser Nachruf auf ein Kaffeehaus ist eine ebenso amüsant zu lesende wie bissig-bösartige Beschreibung aller hier vertretenen Arten von „literarischem" Größenwahn und sprachlicher Talentlosigkeit, selbst im Irrtum noch die individuelle Schwäche der schonungslos geschmähten Dichter und anderen Kaffeehausbesucher treffend. Mit diesem in der „Wiener Rundschau" erschienenen Essay gelang es dem kaum dreiundzwanzigjährigen Karl Kraus, sich seinen Karriereaufstieg durch lebenslange Feindschaften zu sichern.

Mit einer unnachahmlich satirischen Schärfe und Ironie schildert er die Literaten (und die Literatur), die nun durch die Schließung des Kaffeehauses heimatlos geworden sind, wobei seine größte Verachtung der Welten- und Lebensferne der Dichter des „Jungen Wien" und deren geistigem Ziehvater Hermann Bahr gilt:

„Die ganze Literaturbewegung einzuleiten, die zahlreichen schwierigen Überwindungen vorzunehmen, nicht zuletzt, dem Kaffeehausleben den Stempel einer Persönlichkeit aufzudrücken, war ein Herr aus Linz berufen worden, dem es in der That bald gelang, einen entscheidenden Einfluß auf die Jugend zu gewinnen und eine dichte Schar von Anhängern um sich zu sammeln. Eine Linzer Gewohnheit, Genialität durch eine in die Stirne baumelnde Haarlocke anzudeuten, fand sogleich begeisterte Nachahmer – die Modernen wollten es betont wissen, daß ihnen der Zopf nicht hinten hing. Alsbald verbot der verwegene Sucher neuer Sensationen aus Linz seinen Jüngern, von dem ‚Kaiserfleisch des Naturalismus' zu essen, empfahl ihnen dafür die ‚gebackenen Ducaten des Symbolismus' und wußte sich durch derlei zweckmäßige Einführungen in seiner Position als Stammgast zu behaupten."

Die weltläufige Bildung des älteren und weitgereisten Bahr, die dieser bereitwillig vor seinen jugendlichen Zuhörern oft in weitschweifigen Monologen ausbreitete, kommentierte Kraus so:

„In jedem seiner Referate ergoß sich eine Sturzflut neuer Eigennamen ins Land. Die Kunstgrößen, die er einführte, waren einzig und allein ihm dem Namen nach bekannt; oft hatte er sie von spanischen Theaterzetteln oder gar portugiesischen Straßentafeln abgelesen. Noch heute versteht er es, uncontrollierbaren Thatsachen den Schein des Erlebten zu geben, Dinge, die er gerade anbringen will, tiefursächlich zusammenzuhängen. Es ist – um in seinem Styl mit Goethe zu sprechen – ein ungemeiner Zettelkasten, den nicht er, sondern der ihn hat."

Bahrs nahezu grenzenlose Bereitwilligkeit, junge, unbekannte Dichter zu fördern, entlockte Kraus die Bemerkung, „daß der Herr aus Linz sich jederzeit mit Selbstentäußerung für sie eingesetzt hat. Ohne ihn wäre manche junge Talentlosigkeit frühzeitig zugrunde gegangen und vergessen worden." Übergangslos knüpft Kraus daran seine Version von der Entdeckung und Offenbarung des jungen Hofmannsthal: „Die Thatsache, daß Einer noch ins Gymnasium ging, begeisterte den Entdecker zu dem Ausrufe: ‚Goethe auf der Schulbank!‘ Man beeilte sich, den Jüngling für das Kaffeehaus zu gewinnen, und seine Eltern selbst führten ihn ein: sollte doch gezeigt werden, daß er vom Vater die Statur, des Lebens ernstes Führen, vom Mütterchen die Frohnatur, die Lust zum Fabulieren habe. Seine Bewegungen nahmen bald den Charakter des Ewigen, seine Correspondenzen den des ‚Briefwechsels‘ an. Er ging daran, ein Fragment zu schreiben, und war es seiner Abgeklärtheit schuldig, seine Manuscripte für den Nachlaß vorzubereiten. In hoheitsvollen Versen ließ er noch den Erben an Adler, Lamm und Pfau das Salböl aus den Händen der todten alten Frau verschwenden – dann studirte er sich seine ‚letzten Worte‘ ein."

Nicht weniger ironische und verächtliche Sentenzen fallen Kraus zu Arthur Schnitzler ein, in dem er den Protagonisten der oberflächlichen „lebemännischen Allüren" dieser Jung-Wiener Dichter sieht, die „im Stande sind, von den Eindrücken eines Ronacher-Abends durch Wochen zu zehren".

„Der am tiefsten in diese Seichtigkeit taucht und am vollsten in dieser Leere aufgeht, der Dichter, der das Vorstadtmädel burgtheaterfähig machte, hat sich in überlauter Umgebung eine ruhige Bescheidenheit des Größenwahns zu bewahren gewußt. Zu gutmüthig, um einem Problem nahetreten zu können, hat er sich ein- für allemal eine kleine Welt von Lebemännern und Grisetten zurechtgezimmert, um nur zuweilen aus diesen Niederungen zu falscher Tragik emporzusteigen. Wenn dann so etwas wie Tod vorkommt, – bitte nicht zu erschrecken, die Pistolen sind mit Temperamentlosigkeit geladen: *Sterben* ist nichts, aber leben und nicht sehen!...“

CAFÉ CENTRAL

Im Säulensaal der Literatur

*I*m "Illustrirten Wiener Extrablatt" konnte man am 25. Jänner 1897 lesen: „Es ging toll her in der letzten Nacht des Café Griensteidl, das der Demolirung zum Opfer fiel. Die treuen Stammgäste feierten den Untergang des Locales mit einem großartigen Leichenschmaus. Der satirische Zahlmarqueur Heinrich... hatte alle Hände voll zu tun. Nach Mitternacht waren sämtliche Vorräthe an Speis und Trank vergriffen und es wurden nur noch Ohrfeigen verabreicht. Sonst war die Stimmung famos..."

Die von dem Berichterstatter in journalistischer Übertreibung in den Plural vervielfältigte Ohrfeige war jene berühmt gewordene, die Karl Kraus für seine bereits erschienene „Demolirte Literatur" von Felix Salten empfing. Salten, der einzige, der sich den exquisit-kostspieligen Lebensstil der Jung-Wiener durch fleißigen Journalismus mühsam verdienen mußte, war in Kraus' Satire am ausführlichsten „behandelt" worden.

Auch Arthur Schnitzler vermerkte den Eklat in seinem Tagebuch: „Gestern abends hat Salten im Kfh. [Kaffeehaus] noch den kleinen Kraus – der auch ihn angegriffen – geohrfeigt, was allseits freudig begrüßt wurde."

Einen „Parvenue der Gesten" hatte ihn Kraus genannt, „der seinen literarischen Tischgenossen alles abgeguckt hat und ihnen die Kenntnis der wichtigsten Posen verdankt. Haben es die anderen in der Unnatürlichkeit bereits zu einiger Routine gebracht, ihm sieht man stets noch die Mühe an, die ihn seine Nervosität kostet."

Schlimmer noch war, daß Kraus Salten vorwarf, ein Ideen-Plagiator zu sein: „Nach den Stoffen hatte er nie weit zu gehen. Er schrieb immer das, woran seine Freunde gerade arbeiteten, und da die Jung-Wiener Schule einstimmig das Thema vom Sterben gewählt hat und mit vereinten Kräften dem Tode ein paar Novellen abzuringen bemüht ist, sehen wir ihn mit der Anempfindung einiger Sentimentalitäten über Begräbnisse, Friedhofskränze und Hinterbliebene eifrig beschäftigt."

Das Schlimmste aber war, daß er ihm die Beherrschung eines grammatikalisch korrekten Deutsch absprach und das auch ausführlich mit originalen Salten-Zitaten belegte: „Die Verwechslung des Dativs mit dem Accusativ gelingt ihm noch immer mit unverminderter Jugendfrische."

Die lebenslange Feindschaft zwischen Karl Kraus und Felix Salten war eine der ersten und prominentesten der an literarischen und persönlichen Feindschaften reichen Literaturszene der kommenden vierzig Jahre. Und weil sich das literarische Leben in dieser Zeit vor allem in einigen bevorzugten Kaffehäusern abspielte, wußte jeder immer um jede Feindschaft, denn sie zeigte sich durch die Zugehörigkeit zu bestimmten Cliquen und Schulen, durch räumlich getrennte Stammtische im gleichen Kaffeehaus, an denen man unaufgefordert nicht Platz zu nehmen hatte, oder auch gleich durch die Wahl eines anderen Stammcafés. Es wurde genau registriert und kommentiert, wenn ein Literat von einer Clique zu einem anderen Stammtisch oder in ein anderes Kaffeehaus wechselte. Solche Veränderungen hatten immer auch bedeutungsvolle, tiefere Gründe: Der Mann hatte sich mit seiner bisherigen Runde – oder diese mit ihm – überworfen, vielleicht hatte er aber nur einen literarischen Stilwechsel vollzogen oder war durch den glücklichen oder auch zufälligen Umstand eines literarischen Erfolges ein „Arrivierter" geworden, dem nun ein Platz am Tisch der Arrivierten gebührte, denn selbstverständlich gab es auch in dieser Hinsicht im Kaffeehaus eine hierarchische Rangordnung.

Karl Kraus, der Einzelgänger, der sich mit Abstand der meisten Feindschaften erfreuen durfte, ist unbestritten derjenige Kaffeehausliterat, der im Laufe seines Lebens die meisten Stammcafés „durchsaß", um dort zu lesen – zuerst alle einschlägigen Zeitungen und Zeitschriften, aber auch, was es Neues auf dem Buchmarkt gab –, zu schreiben und zu redigieren – insbesondere die von ihm 1899 gegründete Zeitschrift „Die Fackel". Entgegen einer landläufigen Meinung, daß Dichter im Kaffeehaus hauptsächlich dichteten, gab es damals nur zwei bedeutende Literaten, die tatsächlich und ausschließlich im Kaffeehaus schrieben: Peter Altenberg und Karl Kraus. Für die meisten Wiener Literaten war das Kaffeehaus vor allem ein Ort der Kommunikation, der Anregungen, der Auseinandersetzungen. Dort entstanden Notizen, Entwürfe, feuilletonistische Kleinigkeiten, ihre „Werke" schrieben die Wiener Literaten meist tagsüber daheim, bevor sie am späten Nachmittag ihr Kaffeehaus aufsuchten, um dort – oder anderswo – den Abend zu verbringen.

1897 hatte Karl Kraus in konsequenter Selbstbehauptung bereits das „Griensteidl" mit dem dort residierenden „Herrn aus Linz" und seiner Jung-Wiener Anhängerschaft verlassen und seinen Arbeitsplatz ins „Café Central" in der Herrengasse 14 verlegt. Als aber nun, nach der Schließung des „Griensteidl", immer mehr seiner Feinde ins „Central" übersiedelten, litt es ihn auch dort nicht mehr lange. Und so wurde er eines Tages Stammgast im „Parsifal", einem vor allem von Musikern und Sängern bevorzugten Kaffeehaus in der Walfischgasse 13, unweit der Hofoper und des Musikvereins. In seinen letzten Lebensjahren verlegte er schließlich sein Hauptquartier in das zum Hotel „Imperial" gehörende Kaffeehaus.

Im „Parsifal" nahm Kraus – trotz zeitweiliger und immer mit reumütiger Rückkehr endender Untreue – seinen längsten Aufenthalt. Denn dort residierte die „Musik", und die Gefahr, seinen zahlreichen literarischen Feinden zu begegnen, war relativ gering. Journalistisch profitierte er sogar von dem hier vorherrschenden Musiker-Klatsch. Als 1897 Gustav Mahler für ein Jahrzehnt, in dem er dem Institut bleibenden Weltruhm verschaffte, Hofoperndirektor wurde, schrieb Kraus in der „Breslauer Zeitung": „Der neue Dirigent soll bereits so effektive Proben seiner Tatkraft abgelegt haben, daß schon fleißig gegen ihn intrigiert wird."

Anders als im „Central" oder „Herrenhof", den beiden führenden Literatencafés Wiens, betraten das „Parsifal" nur literarische Adepten, die als Kraus-Verehrer oder -Anhänger Zugang zu dem ausschließlich für diesen reservierten Logentisch suchten. Dort Platz nehmen durften sie sowieso nur, wenn sie ausdrücklich von Kraus dazu aufgefordert und eingeladen wurden. Im Frühjahr 1930 gelang dies über von Prager Freunden lancierte Vorinformation dem damals zweiundzwanzigjährigen Friedrich Torberg, dessen erfolgreicher Pennäler-Ro-

FRIEDRICH TORBERG

man „Der Schüler Gerber hat absolviert" ihm soeben einen überraschenden Ruhm beschert hatte.

Der junge Torberg verehrte den vierunddreißig Jahre älteren Kraus und sah in dessen ironisch pointiertem und souverän beherrschtem Sprachstil das zum Vorbild genommene eigene Ziel. Der von Torberg bis zu seinem Lebensende stets eingestandene Einfluß machte ihn in der Tat zum einzigen legitimen Nachfolger Karl Kraus' in der österreichischen Literatur. In einem Punkt sollte er sogar sein Vorbild weit überholen: in der von ihm einmalig beherrschten Kunst, Anekdoten zu erzählen, was er 1975 mit dem alles Vergleichbare übertreffenden Buch „Die Tante Jolesch oder Der Untergang des Abendlandes in Anekdoten" bewies. Ein Jahr zuvor hatte er über Karl Kraus geschrieben: „Er selbst war kein sehr guter Anekdotenerzähler – sie kamen, wenn er's versuchte, immer ein wenig steif heraus, sie ,lagen' ihm nicht, sie waren nicht sein Fach."

Ab 1930 traf er regelmäßig Karl Kraus im „Café Parsifal" und „absolvierte" sozusagen noch einmal als „Schüler", diesmal bei dem Sprachlehrer Kraus. Eines Tages verspätete sich Torberg, damals noch aktiver Sportschwimmer, und entschuldigte sich mit der knappen Erklärung: „Ich war schwimmen." Kraus zuckte unmerklich zusammen und fragte dann: „So? Werden Sie auch morgen schwimmen sein?" Später fragte Kraus einmal sein sportlich-jugendliches Gegenüber: „Wie alt sind Sie eigentlich?" - „Dreiundzwanzig", antwortete Torberg. „Dreiundzwanzig?" staunte Kraus. „So jung war ich nicht einmal mit vierzehn."

Für Karl Kraus war das „Café Central", um endlich auch von diesem zu berichten, nur eine kurzfristige Heimstatt. Schon zwei Jahre vor dem „Griensteidl"-Ende hatte er seinen Stammtisch von dort, wo er dann nur noch sporadisch auftauchte, ins „Central" verlegt. Als 1897 die Literaten des „Griensteidl" gezwungen waren, sich eine neue Bleibe zu suchen, und Kraus nun täglich seinen Feinden im „Central" begegnete, verließ er es nach einiger Zeit wieder.

Das „Central" war bereits eines der berühmtesten Kaffeehäuser der Monarchie. Hier verkehrte alles, was Rang, Namen und Prominenz aufzuweisen hatte, Adel und Großbürgertum, Politiker und Künstler aller Gattungen und Schattierungen. Und natürlich auch die Dichter, Literaten und Feuilletonisten. Wer Wert darauf legte, dieser Kategorie zugerechnet zu werden, bevorzugte von den Räumlichkeiten im „Central" den Arkadenhof oder Säulensaal, der die „li-

ALFRED POLGAR

terarische Abteilung" des Kaffeehauses darstellte. „Denn dort", sei hier noch einmal Friedrich Torberg zitiert, „im gotisch hochgewölbten, von schrägem Oberlicht nur matt erhellten Arkadensaal – einer Art Kapuzinergruft mehr dunkel – thronten um mächtige runde Marmortische die Könige und Fürsten der Wiener Literatur."

Alfred Polgar (1873 bis 1955), der eine „Theorie des ‚Café Central'" verfaßte, prägte die Bezeichnung „Centralisten" für all jene, die in und mit diesem Kaffeehaus „lebten". Polgars „Theorie" beginnt mit der Feststellung: „Das Café Central ist nämlich kein Caféhaus wie andere Caféhäuser, sondern eine Weltanschauung, und zwar eine, deren innerster Inhalt es ist, die Welt nicht anzuschauen. Was sieht man schon?...

Arkadenhof im
Café Central

Das Café Central liegt unterm wienerischen Breitengrad am Meridian der Einsamkeit. Seine Bewohner sind größtenteils Leute, deren Menschenfeindschaft so heftig ist wie ihr Verlangen nach Menschen, die allein sein wollen, aber dazu Gesellschaft brauchen... Der Centralist lebt parasitär auf der Anekdote, die von ihm umläuft. Sie ist das Hauptstück, das Wesentliche. Alles übrige, die Tatsachen seiner Existenz, sind Kleingedrucktes, Hinzugefügtes, Hinzuerfundenes, das auch wegbleiben kann."

Und in der Tat gibt es ungezählte Anekdoten über und aus dem „Central". Sie sind aber nicht Ausfluß einer nostalgischen Verklärung von etwas unwiederbringlich Vergangenem, sie sind vielmehr der gut konservierte Rest einer damals im „Central" höchst lebendigen originellen und geistreichen Wirklichkeit. Polgars visionär anmutende Feststellung, daß der Centralist parasitär „auf der Anekdote" lebt, wird durch die Tatsache bestätigt, daß uns noch heute einige „Bewohner" des „Central" bekannt, ja vertraut sind, deren etwa berufsmäßiges Wirken allein der Nachwelt ihren Namen nicht erhalten hätte.

So geistert etwa durch alle „Central"-Erinnerungen der „Philosoph" Gustav Grüner, klein, kurzsichtig, mit einer Schußnarbe auf der Schläfe. Von der Herrengasse her gab es einen im Winter verschlossenen Nebeneingang ins „Central", durch den man auf direkterem Wege als vom Haupteingang her gleich in der „Literaturabteilung" der Säulenhalle landete. Immer wenn die ersten warmen Tage des Jahres kamen, sagte Grüner: „Wenn die Tür zur Herrengasse geöffnet wird, ist der Frühling da."

Friedrich Torberg erzählt in der „Tante Jolesch" von seinem um einige Jahre älteren Freund Ernst Stein, der sich hauptsächlich als Ringer und Kartenspieler eine Existenz sicherte. Daneben arbeitete er an einem – natürlich nie erschienenen – erkenntnistheoretischen Buch, das sich gegen Bertrand Russell und die wissenschaftliche Philosophie des „Wiener Kreises" richtete.

Dieser hatte sich Mitte der zwanziger Jahre um den liebenswürdigen und eleganten Philosophieprofessor Moritz Schlick gebildet, der 1936 aus nie eindeutig geklärten Gründen von einem ehemaligen Schüler ermordet wurde. Nach ihrem wöchentlichen Donnerstagabend-Kolloquium kamen meist einige aus dem "Wiener Kreis" noch spät ins „Café Central". Der hühnenhafte Otto Neurath, Sozialist mit rotem Vollbart, war fast immer darunter, gelegentlich auch der nüchterne Logiker Rudolf Carnap und der junge, etwas schüchterne Mathematiker Kurt Gödel. Ihren Philosophentisch im Arkadenhof nannte Stein spöttisch „Zum weisen Russell".

Stein, ein „Mischprodukt aus Intelligenz, Begabung und moral insanity, geistreich bis zum Zynismus", konnte auch eine eigenwillige Arroganz hervorkehren, wenn ihm das Niveau eines Diskussionspartners am Tisch mißhagte: „,Unterlassen Sie Ihre tölpelhaften Einwände', wandte er sich mit schläfriger Stimme und gelangweilter Miene an einen ihm unerwünschten Gesprächsteilnehmer. ,Ich ästimiere das nicht.' Und wenn der andere fortfuhr, folgte alsbald eine zweite, energischere Ermahnung: ,Sie sind mir lästig, mein Herr. Entfernen Sie sich ungesäumt, sonst müßte ich Sie mit Brachialgewalt des Tisches verweisen.' Was manchmal in der Tat geschah, zum hilflos glotzenden Erstaunen des Betroffenen, der die Warnung – schon ihrer vermeintlich spaßhaften Formulierung wegen – nicht ernst genommen hatte."

Die im „Central" verkehrenden geistigen und literarischen Größen zogen natürlich zahlreiche prominentengeile Geistes-Schnorrer, hingebungsvolle und lästige Verehrer an, die je nachdem geduldet oder ignoriert wurden. Eines Abends folgte ein besonders anhänglicher Verehrer Polgar beim Verlassen des „Central" bis auf die Straße. „In welche Richtung gehen Sie, Herr Polgar?" fragte er devot. Polgars knappe Antwort. „In die entgegengesetzte."

Was die Literaten betraf – eingeschlossen solche, die sich dafür hielten –, saßen sie, ausgenommen der mit fast allen verfeindete Karl Kraus, mehr oder weniger regelmäßig im „Central". Doch es gab einige, von denen man schwer entscheiden konnte, ob ihr Ruhm mehr auf dem beruhte, was sie veröffentlicht hatten, oder der Tatsache, daß sie zu den Stammgästen des „Central" gehörten. Neben Polgar trifft das möglicherweise auch auf Egon Friedell (1878 bis 1938), ganz sicher aber auf Peter Altenberg und Anton Kuh (1890 bis 1941) zu.

Friedell, der eigentlich Friedmann hieß, war der Sohn eines reichen Textilfabrikanten. Seine Mutter brannte bald nach seiner Geburt mit einem Sprachlehrer namens Tritsch durch und blieb verschollen. Wenig später starb auch sein kränkelnder Vater. Mehrere, ständig miteinander verfeindete Verwandte nahmen sich seiner Erziehung an. Egon war ein schlechter Schüler, schaffte die Matura erst nach mehreren Anläufen, studierte und promovierte (nicht unbedingt glanzvoll) mit einer Arbeit über „Novalis als Philosoph". Es war das erste Buch, das von ihm erschien. Er war fünfzig, als jenes Buch erschien, das ihn berühmt machte, eine ebenso originelle wie fundierte „Kulturgeschichte der Neuzeit".

Durch das hinterlassene Erbteil seines Vaters finanziell unabhängig, vagabundierte er nach Lust und Laune in den literarischen Gattungen, schrieb und spielte Kabarett, betätigte sich als Theaterkritiker, Feuilletonist, Dramatiker und Schauspieler bei Max Reinhardt in Wien und Berlin. Berühmt wurde der gemeinsam mit seinem Freund Polgar verfaßte Sketch „Goethe im Examen".

EGON FRIEDELL

Die Freundschaften und Bekanntschaften, die Friedell pflegte, waren vielfältig und höchst unterschiedlich. Er verstand sich mit allen; nicht einmal mit Karl Kraus, der ihn anfangs durchaus schätzte, war er verfeindet. Später jedoch bezeichnete ihn Kraus, der bei Friedell eine gewisse Nähe zum Seichten, Oberflächlichen und vor allem zu vielen von ihm verachteten Journalisten feststellte, mit deutlicher Mißbilligung einen „Humoristen". Was sie trotzdem beide verband, war die Freundschaft zu Peter Altenberg.

In diesem Zusammenhang muß unbedingt der Architekt Adolf Loos (1870 bis 1933) genannt werden, der besonders gut mit Altenberg und Friedell, aber auch mit vielen anderen Schriftstellern und Malern befreundet war. Mit Karl Kraus verband ihn die gleiche Geisteshaltung, aus der heraus sie in ihrem jeweiligen Metier zu wirken versuchten: klare Gliederung ohne jedes überflüssige Ornament und sorgsame Verarbeitung des edelsten Materials. Was Loos in der Architektur verwirklichte, galt bei Kraus für Inhalt, Stil und Sprache jedes Beitrags, den er (meist) für die „Fackel" schrieb.

Loos' erstes Gesamtkunstwerk war 1899 die Architektur und Einrichtung des „Café Museum" in der Friedrichstrasse 6, Hochburg der bildenden Künstler, insbesondere der Secessionisten. Es ist noch heute eines der wenigen Kaffehäuser Wiens, in dem man hin und wieder bekannte Maler, Musiker oder Schriftsteller treffen kann, auch wenn es dort heute keinen der aus der Mode gekommenen Künstlerstammtische mehr gibt.

Über das neue „Café Museum" schrieb damals der Kunstkritiker Ludwig Hevesi: „Von jetzt an ist Loos geborgen, denn er hat die Sache gut gemacht. Etwas nihilistisch zwar, sehr nihilistisch, aber appetitlich, logisch, praktisch. Und ungewohnt, was auch ein Verdienst ist. Man glaubt gar nicht, wie schwer es ist, ungewohnt zu sein und doch einleuchtend zu bleiben."

Die Kritiker der anderen Seite, die Loos ebenso wie die Secessionisten, die alsbald hier einzogen, heftig bekämpften, nannten von nun an das „Museum" das „nihilistische Kaffeehaus".

An einem Abend im Jahr 1902 bekam die Freundschaft zwischen Altenberg, Friedell und

ADOLF LOOS

Loos ein noch engeres Band gemeinsamen Interesses. Dieses Interesse richtete sich auf eine kaum achtzehnjährige Schauspielerin mit Namen Lina Obertimpfler. Man hatte sich wie üblich am frühen Abend im „Central" getroffen und war dann zum Abendessen in Altenbergs Lieblingslokal, das „Münchner Löwenbräu", hinter dem Burgtheater übergewechselt. Hier saß die blutjunge und bildhübsche Lina, die Altenberg spontan an seinen Stammtisch holte, um ihr fortan die Hand zu halten und in die hechtblauen Augen zu sehen. Er kannte sich mit jungen Mädchen aus.

Adolf Loos demonstrierte an einer kürzlich während einer Skandinavienreise erworbenen Zigarettendose seine Auffassung von praktischem, ornamentlosem Design. Lina sah ihn bewundernd an, während die Dose von Hand zu Hand ging. Als sie bei ihr angelangt war, versuchte sie sie zu öffnen, dabei zerbrach der Deckel. Erschrocken und entsetzlich verlegen, stammelte sie: „Wie kann ich das wieder gutmachen?"

Loos sah sie lächelnd an: „Heiraten Sie mich."

Das schallende Gelächter über den gelungenen Scherz trog; einige Monate später hieß die junge Schauspielelevin Lina Loos. Altenberg war außer sich über diesen Coup seines Freundes und nannte ihn ein „rohes ich-besessenes Tier". Trotzdem machten Friedell und er ihr weiterhin den Hof.

Das „Münchner Löwenbräu", das nur knapp 30 Jahre bestand, war ein typisches Theaterlokal, in dem sich nach der Vorstellung sowohl die Schauspieler als auch die Besucher des gegenüberliegenden Burgtheaters trafen. Der Kreis um

Lina Loos

Altenberg zog aber bald auch andere Künstler hierher wie Karl Kraus, der den Wirt Leopold Pelikan später als „Herrn Grüßer" literarisch verewigte, oder die Maler Gustav Klimt, Max Oppenheimer, Kolo Moser, Oskar Kokoschka und Carl Hollitzer, der seinen eigenen Stammtisch im „Café Museum" hatte. Lina Loos, die in München bei den „Elf Scharfrichtern" aufgetreten war, führte später Frank Wedekind und Detlef von Liliencron sowie andere in Wien gastierende „Schwabinger" hier ein. Noch vor dem Ende des Weltkriegs und der Monarchie wurde das Lokal geschlossen, das umgebaute Parterre für Büros genutzt.

Die denkwürdige „Löwenbräu"-Begegnung zwischen Adolf Loos und Lina (die Ehe hielt übrigens nur kurz, die Freundschaft Linas zu Altenberg, Friedell und auch Loos dagegen sehr viel länger), hatte noch andere weitreichende Folgen. Linas Vater war der Cafetier Karl Obertimpfler, der 1896 oder 1897 das „Casa Piccola" in der Mariahilfer Straße übernommen hatte. Nach dem Abschluß der Ringstraßenverbauung entstanden auch in der Mariahilfer Straße neue gründerzeitliche Häuser. Am 6. März 1896 brachte das „Illustrirte Wiener Extrablatt" einen Nachruf auf das alte „Casa Piccola": „Mit dem ganzen Stolz eines vorstädtlichen Patrizierhauses schaute einst das ‚Casa Piccola', wie man in Wien sagt, über das Glacis hinweg nach der rothen Stadtmauer und blieb viele, viele Jahre ein Stück Wahrzeichen der Laimgrube, in deren Bereich das Haus bis in die sechziger Jahre gehörte. Nun ist dem modernen Wien dieses alte Mariahilfer Haus nicht mehr recht und es soll demolirt werden. Also muß man es der Nachwelt aufbewaren, das stattliche Gebäude mit seinem alten, vielbesuchten Kaffeehause und seinen zahlreichen Geschäften, die hier etablirt sind."

Doch in dem von den Architekten Alois Schumann und Theodor Bach neu erbauten Haus mit seinem auffälligen Turmaufsatz über der Eckfassade zog auch das „Casa Piccola" wieder ein, nunmehr unter dem neuen Wirt Obertimpfler. Er war ein vor allem in Künstlerkreisen bekanntes und beliebtes Original, legte später leider die nicht unbeträchtlichen Gewinne aus seinem Kaffeehaus in Kriegsanleihen an und mußte deshalb sein Lokal 1918 an die bekannte Gastronomiefamilie Schöner verkaufen. Trotzdem kam er weiterhin bis zu seinem Tode (er starb 1927 mit 83 Jahren) jeden Tag um 10 Uhr abends ins „Casa Piccola", um

„seine" Gäste wie bisher zu betreuen. Er blieb bis zur Sperrstunde, ging aber zwischendurch auf ein paar Krügel Bier und vielleicht eine Tarockpartie zum „Operetten-Stammtisch" ins „Weingartl" (Getreidemarkt), wo er mit vielen Künstlern vom Theater an der Wien befreundet war.

CAFÉ MUSEUM

Obertimpfler hatte drei Kinder. Die älteste Tochter verschwand mit 20 Jahren spurlos aus Wien und blieb verschollen, die zweite, Lina, machte früh als Schauspielerin und Kabarettistin (Berlin, München) Karriere, ging 1905, nach ihrer Scheidung von Loos, für neun Jahre nach Amerika und war von 1914 bis 1938 am Volkstheater engagiert. 1947, drei Jahre vor ihrem Tod, erschienen ihre Erinnerungen: „Das Buch ohne Titel. Erlebte Geschichten". Auch der einzige Sohn Obertimpflers wurde unter dem Namen Karl Forest ein bekannter Schauspieler, der später in der Nazizeit umkam.

Die Originalität des Wirtes und der Beruf seiner Kinder brachten es mit sich, daß das Kaffeehaus am Beginn der Mariahilfer Straße bald zu einem bekannten Künstlertreff wurde. Es hatte zudem den Vorteil, daß seine großzügig variierte Sperrstunde erst weit nach Mitternacht schlug. Den Reigen der nachtschwärmenden Künstler, die hier regelmäßig einfielen, eröffneten natürlich 1902 Altenberg, Friedell und Loos.

Zu diesen späten Gästen gehörte gelegentlich auch der gewichtige Maler und Kabarettist aus Neigung, Carl Hollitzer. Seinen eigentlichen Stammtisch hatte er im „Café Museum", wo er jeden Tag pünktlich um 5 Uhr auftauchte. Er war ebenso reich wie faul, aber immer unterhaltsamer Mittelpunkt. Manchmal zeichnete er auf den Marmortisch eine Karikatur oder den Entwurf eines neuen Schlachtengemäldes. War die Gesellschaft gegangen, kam der Kellner Franz und zog die Zeichnung mit Seife auf dünnes Papier ab.

An Hollitzers Stammtisch saßen keineswegs nur Maler und Kunsteleven. Roda Roda, Oskar Maurus Fontana, Hermann Broch, Joseph Roth oder Robert Musil waren gelegentlich in der Runde. Albert Paris Gütersloh blieb dem „Museum" bis zu seinem Tod 1973 treu.

An einem anderen Tisch wurde hauptsächlich tschechisch gesprochen. Dort bastelten Zeichner, Architekten und Lyriker an dem von ihnen herausgegebenen tschechischen Witzblatt „Šotek" für die Wiener Tschechen. Für entsprechende Anregungen hatten die Kaffeehausbesitzer, die Brüder Adolf und Heinrich Pretscher, vorgesorgt: Neben den gewöhnlich aufliegenden Zeitschriften gab es im „Museum" auch eine Sammlung älterer Jahrgänge, vor allem ausländischer satirischer Blätter, z. B. „Vie Parisienne", „Le Rire", „Punch" und die damals noch humoristische Zeitschrift „Life". Zeitweise war sogar das Theater hier „hochrangig" vertreten, als Wilhelm Karczak, seit 1901 Direktor des Theaters an der Wien, vorübergehend seinen Stammtisch aus dem „Café Dobner" hierher verlegte, an dem sich Komponisten, Librettisten, Bühnenbildner und Darsteller der silbernen Operettenära versammelten. Der bedeutendste Protagonist dieser Ära war natürlich Franz Lehár.

Das „Café Dobner" galt eigentlich als das angestammte Kaffeehaus für alle und jeden, der mit dem Theater an der Wien zu tun hatte. Es war genau fünf Jahre vor dem Theater an der Wien 1796 von dem Cafetier Gregor Jacomuzzi eröffnet worden. Freilich hieß es damals nicht „Dobner". Diesen Namen bekam es irgendwann in der zweiten Hälfte des neunzehnten Jahrhunderts von einem der Nachfolger Jacomuzzis – und es behielt ihn bis zu seiner Schließung nach 1950. Über dieses Kaffeehaus am Getreidemarkt, Ecke Linke Wienzeile, schrieb 1923 Emil Szittya, es sei „vielleicht das älteste und interessanteste Artistenlokal in Europa".

Mehr als eineinhalb Jahrhunderte gaben im „Café Dobner" vor allem Schauspieler und Musiker, Librettisten und Bühnenmaler, Schriftsteller und Komponisten den Ton an. Um die Jahrhundertwende mischte sich unter das an sich schon bunte Theatervolk eine neue, nicht weniger bunte Klientel: Marktschreier und Standlfrauen vom nunmehr benachbarten Naschmarkt und dazu immer mehr Halbwelt und immer noch Halbgötter der Bühne, vom Billard spielenden Alexander Girardi bis hin zum Monokel tragenden Richard Tauber.

Emil Szittya: „Es gibt dort ein merkwürdiges Durcheinander-Publikum. Halbweltliche, die noch auf der Höhe ihres Berufes stehen. Die Mitglieder aller Wiener Operettentheater. Jeden Nachmittag eilt durch das Lokal der bekannte Wiener Operettenkomponist Bodansky, der neben seinem Beruf unter dem Namen Danton schlechte anarchistische Gedichte schreibt, die er in der anarchistischen Zeitschrift ‚Erkenntnis und Befreiung' publiziert. Das Hauptoriginal des Cafés ist Schoma Wassermann, der vor 20 Jahren in Siebenbürgen Bauernaufstände organisiert hat, aber wegen kleiner Unregelmäßigkeiten aus der Partei ausge-

CAFÉ DOBNER

schlossen wurde und heute als der meistbegehrte Alphons der schönsten Wiener Prostituierten lebt."

Zu den dort verkehrenden Bohemiens gehörte u. a. der Lehár-Librettist Fritz Löhner-Beda, der seinen größten Erfolg mit dem Schlagertext „Ausgerechnet Bananen..." erreichte. Immer in Terminnöten, ließ er den noch jungen Hans Moser einmal wochenlang auf eine versprochene Solonummer warten. Als Moser wieder einmal – von Löhner-Beda rechtzeitig bemerkt – das „Dobner" betrat, floh dieser auf die Herrentoilette, um dort auf der Rückseite einer Speisekarte für Moser die später so erfolgreiche Nummer „Ich bin der Hausmeister vom Siebnerhaus..." zu schreiben.

1933 erschien Rudolf Weys dieses Kaffeehaus als der geeignete Ort, um dort seine Kleinkunstbühne „Literatur am Naschmarkt" zu gründen. Leon Epp, Peter Hammerschlag, Heidemarie Hatheyer, Hilde Krahl, Carl Merz, Kurt Nachmann, Rudolf Steinböck, Oskar Wegrostek, Hans Weigel und viele andere waren daran beteiligt oder begannen gar hier ihre Karriere. Die letze Vorstellung – von der Geschichte diktiert – fand am 11. März 1938 statt.

Schon zwanzig Jahre früher hatte es in der Geschichte Österreichs, Wiens und damit auch in der Geschichte des „Café Central" eine markante Zäsur gegeben. Mit dem Ende des Ersten Weltkriegs kam auch das Ende der Monarchie. Am 12.November 1918 rief der Präsident der Nationalversammlung, der Deutschnationale Franz Dinghofer, von der Rampe des Parlaments die Republik aus. Der Vielvölkerstaat mit 52 Millionen Einwohnern schrumpfte zum 6-Millionen-Volk der Republik Deutsch-Österreich. Ein Drittel der neuen „Republikaner" lebte allein in Wien. Nur einen Tag vorher war der „Centralist" und Begründer der österreichischen Sozialdemokratie, Viktor Adler, gestorben. 1918 war auch das Todesjahr von Otto Wagner, Gustav Klimt, Kolo Moser, Egon Schiele und Alexander Girardi.

Der Spätherbst des Jahres bescherte auch dem „Café Central" - zwar nicht den Tod, doch eine einschneidende Veränderung. Der Chronist dieser Veränderung, der sie in einer Eigen-Anekdote selbst beschrieb, war Anton Kuh. Er war in zweierlei Hinsicht Peter Altenberg ebenbürtig: sowohl was den mageren Umfang seines literarischen Werkes betrifft als auch die unübersehbare Zahl der Anekdoten, die über ihn existieren. Allerdings war sein Habitus als Bohemien völlig verschieden von dem Altenbergs.

Der mit einem melancholischen Seehundsbart ausgestattete P. A. wanderte zumeist mit weiter Pellerine, Knotenstock und Sandalen durch das Nachtleben Wiens. Der schlanke, großgewachsene Kuh trug dagegen nur elegante Maßanzüge und ein Monokel. Beide waren das, was man in Wien einen Schnorrer nennt, und hatten in dieser Tätigkeit einen regelrechten, wenn auch unterschiedlichen Geschäftssinn entwickelt. Für die Zulassung zu Altenbergs Stammtisch im „Löwenbräu" zahlten ihm die Fabrikanten Julius und Felix Muhr als Mäzene monatlich 60 Gulden. Außerdem hatte er in verschiedenen Lokalen Sonderpreise oder wenigstens Kredit. Kuh schnorrte dagegen hauptsächlich Vorschüsse von Redakteuren

CAFÉ CENTRAL

und Verlegern für Artikel und Beiträge, die er nie die Absicht hatte zu liefern. Als er einmal Torberg am Nebentisch erblickte, sagte er: „Der verdirbt einem glatt das Geschäft, arbeitet seine Vorschüsse ab und liefert auch noch pünktlich. Ich habe ihn schon einige Male ertappt."

Anton Kuh verfügte nicht nur über Geist und Witz, er war auch ein ausgesprochenes Erzähltalent, das er mündlich jedoch weit besser zur Geltung bringen konnte als schriftlich, vielleicht auch ein Grund, daß er viele versprochene und honorierte Artikel gar nicht erst lieferte. Alfred Polgar nannte ihn deshalb einen „Sprechsteller".

In jenen entscheidenden Tagen des Jahres 1918 war ganz Wien auf den Beinen, demon-

HERRENGASSE

strierte gegen die Monarchie, für ein deutsch-nationales Österreich oder auch für eine Räterepublik nach russischem Vorbild. Durch die schmale Herrengasse wälzte sich der Strom der Demonstrierenden zum niederösterreichischen Landhaus gegenüber dem „Central", wo die „Provisorische Nationalversammlung" die „Provisorische Verfassung" diskutierte und annahm. Mitten aus der Menschenmenge ragte der Kopf des eleganten Anton Kuh mit Monokel, der verzweifelt versuchte, heil das „Café Central" zu erreichen. Dort stand auf den Stufen der Eingangstür seine Freundin, die Schauspielerin Bibiana Amon, und rief, als sie ihn entdeckte, über die Köpfe der Menschen hinweg: „Gib acht, Anton! Die Revolution!"

Die Revolution nistete sich nicht im „Central" ein. Sie bezog bald darauf das ebenfalls in der Herrengasse nur einige Schritte entfernt gelegene „Café Herrenhof". Der Chronist Anton Kuh: „Denn kurz und gut, zwei Tage später saß alles, was politisch und erotisch revolutionär gesinnt war, drüben im neuen Café – die Mumien blieben im alten."

Die literarische Revolution hieß „Expressionismus". Der verspätet aus Deutschland eingeschleppte Bazillus eines neuen Stils grassierte am heftigsten im „Café Herrenhof".

CAFÉ HERRENHOF

Aufschub bis zum Untergang

Die Zeitspanne zwischen 1918 und 1938 war in Wien von heftig verfochtenen Gegensätzen geprägt – politisch-ideologisch, geistig-philosophisch und künstlerisch-literarisch. Die Auseinandersetzungen zwischen Christlichsozialen und Sozialdemokraten konnten schließlich die Nationalsozialisten für sich entscheiden. Auch in der Wissenschaft traten immer mehr ideologische Gegensätze zutage, führten nicht zuletzt auch zum Auseinanderbröckeln des „Wiener Kreises", von denen einige Mitglieder schon vor 1938 nach Amerika gingen.

In der Kunst- und Literatur-Szene war durch die vielfältigen persönlichen Beziehungen die Zersplitterung in Schulen, Stile und politische Richtungen vorerst noch weniger offenbar. Die deutlichste Trennung war die von Kuh anekdotisch beschriebene in „Revolutionäre" und „Mumien", in Besucher des „Herrenhof" und Besucher des „Central", aber natürlich gab es da auch Wanderer zwischen den „Welten".

Und ebenso natürlich waren die jetzt im „Herrenhof" sitzenden Revolutionäre keine homogene Gruppe. Die meisten ließen sich politisch oder ideologisch überhaupt nicht genau einstufen. Am deutlichsten zu identifizieren waren neben den erotischen die linken Revolutionäre. Die meisten von ihnen rekrutierten sich aus der Gruppe der Prager Emigranten. Diese Emigranten hatten aber Prag nicht verlassen, weil sie links, sondern weil sie deutschsprachig und/oder Juden waren.

In Prag hatte man endlich das langgehegte Ziel eines eigenen Nationalstaates erreicht und Thomas Masaryk eine tschechoslowakische Republik gegründet. Nun kamen viele der „Deutschen", die dort eine Minderheit waren, nach Wien. Einige Intellektuelle, Künstler und Schriftsteller hatten das bereits vorher getan, wie etwa Friedrich Torberg.

ANTON KUH

An den kläglich fehlgeschlagenen kommunistischen Putschversuch des Jahres 1918 erinnerte sich der Schauspieler Rudolf Forster in seinen Memoiren: „In jenen Tagen lernte ich Elisabeth Bergner kennen. Sie wohnte im ‚Hotel de France' auf der Ringstraße. Dort hausten auch die Revoluzzer, gehobene Fabrikanten- und Hausherrensöhne aus der Prager und Wiener Literatur. Der nachmalig rasende Reporter Erwin Kisch wartete dort auf die Signale. Seine Freunde Moissi und Werfel saßen in tiefen Clubfau-

EGON ERWIN KISCH

teuils und stellten ihren Beitrag, den Oh-Mensch-Fimmel. An der nahen Universitätsrampe waren jedoch Schüsse gefallen, dem Vernehmen nach gab es Schwerverletzte. Die jungen Leute vom ‚Hotel de France' bekamen heiße Böden und kalte Füße. Weg waren sie!"

Eines der wichtigsten Ziele bei jedem Umsturzversuch ist es, die Medien zu besetzen. Heute stürmen Aufrührer als erstes die Fernsehanstalt, 1928 besetzte der Deutsch-Prager Revolutionär und Journalist Kisch für zwei Stunden die Redaktion der „Neuen Freien Presse" in der Fichtegasse. Diese Geschichte erzählt Torberg in der „Tante Jolesch":

„Sie spielt in den wirren Umsturztagen nach dem Ersten Weltkrieg, als ein Trupp der damals in Wien gebildeten ‚Roten Garde' unter Führung von Egon Erwin Kisch ins Redaktionsgebäude der ‚Neuen Freien Presse' eindrang und als im Stiegenhaus Paul Kisch, Wirtschaftsredakteur der ‚Presse', seinem rotgardistischen Bruder entgegentrat:

,Was willst du hier, Egon?'

,Das siehst du ja. Wir besetzen eure Redaktion.'

,Wer – wir?'

,Die rote Garde.'

,Und warum wollt ihr gerade die Presse besetzen?'

,Weil sie eine Hochburg des Kapitalismus ist.'

,Mach dich nicht lächerlich und schau, daß du weiterkommst.'

,Paul, du verkennst den Ernst der Lage. Im Namen der Revolution fordere ich dich auf, den Eingang freizugeben. Sonst...!'

,Gut, Egon. Ich weiche der Gewalt. Aber eins sag ich dir: Ich schreib's noch heute der Mama nach Prag.'

Verläßlichen Berichten zufolge soll Egon Erwin Kisch daraufhin das Zeichen zum Rückzug gegeben haben."

Und Torberg, dessen Thema in diesem Fall die jüdische Mutter und nicht der sozialistische Sohn ist, fügt an: „Damit dürfte die Gestalt der alten Kisch in ihrer ganzen furchtgebietenden Größe umrissen sein."

Ein Jahr später starb nicht nur Peter Altenberg, einer der wenigen Literaten, die tatsächlich im Kaffeehaus dichteten – wenn sie überhaupt dichteten –, sondern verhungerte auch das berühmteste Opfer dieser revolutionären Zersplitterung in „Central" und „Herrenhof", der sonst überhaupt nicht berühmt gewordene Dichter Ottfried Krzyzanowsky. Was er schrieb und ob er überhaupt mehr als eine Handvoll Gedichte geschrieben hat, ist bis heute unbekannt geblieben.

Krzyzanowsky war allen als bettelarmer Schnorrer bekannt. Ebenso fest stand die Vermutung, daß er ein Dichter sein müsse, auch wenn nie jemand irgendeine Veröffentlichung gesehen hatte. Als Person war er laut Kuh „schlottrig, knochig, häßlich, aber gebildet und edel". Wer nicht selbst darauf kam, ihn auf etwas einzuladen, vor dem stellte er sich unweigerlich auf und verurteilte ihn „mit spitz vorgestrecktem Zeigefinger: ‚Zahlen Sie mir einen Pfiff Wein!'"

Nun, Ende 1918, hatten sich seine Gönner in zwei Lager gespalten, und um keinen seiner bisherigen Mäzene durch Nichtforderungen zu benachteiligen, war er gezwungen, manchmal mehrmals am Nachmittag und Abend zwischen den beiden Lokalen hin- und herzupendeln. Wurde er längere Zeit in dem einen Kaffeehaus nicht gesichtet, hieß es: Krzyzanovsky wird drüben sein! Auf diese Weise bemerkte man nicht, daß er einige Tage lang weder hier noch dort aufgetaucht war.

Anton Kuh berichtet: „Man beschließt in die Vorstadt hinauszufahren, wo Krzyzanowsky wohnt. – Der kleine böhmische Schustergeselle, bei dem er sein Kabinett hat, öffnet den gutgekleideten Herren voller Staunen. ‚Kommen S'nur weiter', sagt er, die Hand an der Klinke, und als sich die Tür hinter ihm schließt: ‚...nämlich der Herr Krzyzanowsky ist gestern gestorben.'

Man vernimmt, daß der Arme, an Grippe erkrankt, seinen Quartiergeber während der letzten Tage immer wieder zu bestimmen versucht habe, doch ins ‚Central'oder ‚Herrenhof'zu gehen, wo ‚seine guten Freunde sitzen'. Der Schustergeselle nahm das für Fiebergerede. ‚Wissen S', sagt er voll Verlegenheit, ‚Ich hab doch net glauben können, daß so feine Leute mit ihm verkehren.'"

Die Stammtische aus „Central" und „Herrenhof" sammelten für ein Grab und Leichenbegängnis, konnten sich aber lange nicht auf einen Trauerredner einigen. Im letzten Moment fiel ihrer beider Wahl auf den „unabhängigen" Franz Blei, der erst kürzlich nach Wien heimgekehrt war, dadurch zwar noch keinem der beiden Lager angehörte, andererseits aber auch Ottfried Krzyzanowsky so wenig kannte, daß er ihn in seiner Grabrede ständig Ottmar statt Ottfried nannte, was – wie Kuh sich erinnert – „an den weihevollsten Punkten der Rede verwandschaftliche Soufflierzischer ergab".

Blei entschied sich für das „Herrenhof", wo er alsbald einen eigenen Kreis um sich bildete, also einen Stammtisch gründete. Zu diesem Kreis gehörte der meist schweigsam dabeisitzende Robert Musil in Begleitung seiner sehr häßlichen Frau. Außerdem Hermann Broch, der damals noch nicht Schriftsteller war, sondern zusammen mit seinem Bruder die väterliche Textilfabrik leitete. Als ihn sein Bruder fragte, warum er täglich ins „Herrenhof" ginge, erwiderte Broch, weil er dort gescheite Leute treffe. Einmal begleitete ihn sein Bruder dorthin. Als sie durch die Kaffeehaustür traten, erblickte der Bruder als erstes Musils Frau. Mit den Worten „So gescheit kann man gar nicht sein!" machte er auf dem Absatz kehrt und wurde nie mehr im „Herrenhof" gesehen.

Zu den erotischen Revolutionären zählte der ehemalige Arzt und Kommunist Otto Gross. In seiner kleinen Wohnung in Mariahilf lebte er zusammen mit einer Gruppe Gleichgesinnter, die alle auf Marx, Freud, Kokain und die freie Liebe schworen, eine Art Hippie-Kommune, in der jeder mit jedem schlief und alle kein Geld hatten. Da Gross seinen Arztberuf nicht mehr ausübte und nur gelegentlich für seine Artikel in einer kommunistischen Zeitung etwas Honorar erhielt, verhungerte er bald nach dem Ersten Weltkrieg.

Auch der Prager Jude Franz Werfel hatte anfangs sowohl zu den erotischen als auch zu den linken Revolutionären gehört. Eine frühpubertäre Beziehung zu seinem katholischen Kindermädchen bewog ihn, zum katholischen Glauben überzuwechseln, für den er nun mit der ihm eigenen revolutionären Attitüde eintrat. Als Werfel wieder einmal den Katholizismus gegenüber all den ihn umgebenden Ungläubigen kämpferisch vertrat, unterbrach in Krzyzanowsky: „Werfel, Sie sind der Advokat Gottes! Gott braucht aber keinen Advokaten."

Wie Werfel gehörte auch Ernst Polak zu den von Prag nach Wien übersiedelten deutsch-sprachigen Juden. Er war vielleicht die bedeutendste Persönlichkeit dieser Gruppe, allein schon ungewöhnlich, weil er, anerkannte literarische Autorität, nie etwas geschrieben oder gar veröffentlicht hat. Er, der mit vielen Dichtern befreundet, von allen geachtet war, übte nicht den Beruf eines Schriftstellers, sondern den eines Bankbeamten aus. Von dem Institut, bei dem er angestellt war, der Länderbank, hatte er sich schon 1917 als Prokurist nach Wien versetzen lassen.

Polak hatte schon sehr früh durch seinen Jugendfreund Werfel in Prag Kontakt zur deutsch-jüdischen Literaturszene bekommen. Dort erlebte das literarische Kaffeehaus vor dem Ersten Weltkrieg eine ähnliche Hochblüte wie in Wien. Während die tschechischen Schriftsteller im „Café Union" residierten, traf man die deutschsprachigen im „Café Arco". Im Vergleich zu Wien waren diese intellektuellen Zirkel in den Prager Kaffeehäusern noch jung, etwa um die Jahrhundertwende entstanden.

Was das „Union" betraf, so hatte es nie zuvor eine solche Ansammlung von revolutionärem Geist aus Literatur und Theater, Malerei und Architektur in einem Prager Kaffeehaus gegeben: „Das war einmalig", resümiert der tschechische Erzähler und Dramatiker František Langer, „denn bisher waren alle künstlerischen Oppositionen, Verschwörungen und Sezessionen sowie neue Cliquen, Vereine und Zeitschriften auf bürgerliche Art in Restaurants vorbereitet worden, und zwar beim Bier, seltener beim Wein." (Wer das Bier und die Speisekarten in Prager Gasthäusern kennt, weiß warum.)

Die tschechische Intelligenz, die damals über ihre volksverbundene Nationalkultur langsam hinauswuchs, hatte das Kaffeehaus in Florenz, in Paris (ein bekanntes Prager Kaffeehaus hieß „Montmartre") und Berlin entdeckt. Gerade dorthin reiste man damals viel. Weniger nach Wien, was – wenn es das Kaffeehaus betraf – schon deshalb nicht notwendig war, weil es nach Wiener Vorbild das „Café Arco" gab. Es existierten durchaus Verbindungen zwischen „Union" und „Arco" und Literaten, die gelegentlich auch im anderen Kaffeehaus saßen.

Langer, der natürlich meistens im „Union" saß, wo neben vielen anderen auch Karel Čapek, Jaroslav Hašek und der ganz junge spätere Nobelpreisträger Jaroslav Seifert verkehrten, berichtet über das „Arco": „...mit dem Café Union konnte es nur das Café Arco in der Hybernská aufnehmen, ein elegantes Etablissement mit großen Spiegeln, das vor allem von Börsenmaklern, Kaufleuten und Handlungsreisenden besucht wurde. Es wetteiferte mit dem Café Union in drei Punkten: hinsichtlich der Künstler, des Obers und der Zahl der ausgelegten Zeitungen und Zeitschriften. Hier trafen sich die deutschen Schriftsteller Werfel, der damals Verse schrieb, Kafka, der gerade seinen ersten Roman herausgegeben hatte und eine Zeit quälender Zweifel an seiner schriftstellerischen Begabung durchmachte, Max Brod, Egon Erwin Kisch, der schon damals das ganze nächtliche Prag kannte, Pick und Leppin." (Otto Pick – Publizist und Übersetzer; Paul Leppin – Schriftsteller.)

Es war mitten im Krieg, da tauchte eines Tages im „Arco" ein junges Mädchen auf, Tschechin und Tochter eines bekannten Professors für Kieferchirurgie an der Karlsuniversität. Irgend jemand hatte sie aus dem „Union" mitgebracht, und obwohl sie damals nicht sehr gut Deutsch konnte, ihr Vater außerdem ein eher antisemitischer, auf jeden Fall aber überzeugter tschechischer Nationalist war, besuchte sie von da an öfter das „Arco" als ihre Landsleute im „Union". Der Name des 1896 geborenen Mädchens war Milena Jesenská. In der Literaturgeschichte sollte sie später nicht nur durch ihren Briefwechsel mit Franz Kafka eine Rolle spielen.

Was sie an dem deutsch-jüdischen Kreis im „Arco" anzog, waren nicht nur die von Esprit und Geist bestimmten Gespräche über Literatur, es war vor allem der kleine lebhafte und ungewöhnlich gebildete Bankbeamte Ernst Polak, in den sie sich verliebte. Mit allen Mitteln versuchte ihr Vater, diesen Umgang und vor allem die Verbindung mit Polak zu verhindern, und sperrte sie schließlich in ein Sanatorium für psychisch Kranke ein. Monate später gelang es Polak, sie dort herauszuholen, indem er sie heiratete und mit nach Wien nahm.

Für Polak war das mehr eine Art Freundschaftsdienst als Liebe gewesen. In ihrer gemeinsamen Wiener Wohnung hatte das Ehepaar getrennte Wohn- und Schlafräume und ging im persönlichen Umgang nach einer Weile wieder vom vertraulichen „Du" zum offiziellen „Sie" über, obwohl es erst Jahre später zur Scheidung kam.

Milena, das junge Mädchen aus einem konservativen, großbürgerlichen tschechischen Haus, fand sich in Wien in einer ungewohnten und verwirrenden Situation wieder. Durch Polak, der ihr aber keinen Halt geben konnte, war sie in einen Kreis unkonventioneller bis extrem progressiver Literaten und Intellektueller gekommen, war in der ihr sprachlich und gesellschaftlich noch wenig vertrauten Umgebung gezwungen, einen eigenen Weg zu suchen.

Sie begann mit dem verheirateten Hermann Broch ein Verhältnis und fing unter dem Einfluß ihrer Freunde selbst zu schreiben an, kleine vergessene Artikel für kleine vergessene tschechische Zeitschriften in Prag und Wien.

Die Schriftstellerin Gina Kaus war eine der ersten, an die sie sich in Wien anschloß. Gina Kaus war finanziell unabhängig, seitdem sie sich von einem verheirateten älteren Liebhaber hatte adoptieren lassen. Dieser, ein jüdischer Geschäftsmann, finanzierte dem Herausgeber Franz Blei, mit dem seine „Tochter" ein Verhältnis hatte, eine katholisch-philosophische Zeitschrift („Summa").

In ihrem Erinnerungsbuch „Und was für ein Leben..." schildert Gina Kaus die verwirrte Haltlosigkeit Milenas in diesem ersten Wiener Jahr: Um etwas zu verdienen, führte Milena einem Schauspielerehepaar den Haushalt. Doch schon zwei Wochen später kam heraus, daß sie Geld gestohlen hatte, um sich Kleider zu kaufen. Es kam zu einem Strafprozeß, in dem sie zu einer kurzen Gefängnisstrafe verurteilt wurde. Milenas Entschuldigung für den Diebstahl: „War ich in erotischer Krise." Dank Broch war die Krise bald überwunden, und niemand trug ihr spater diesen Fehltritt nach.

In Prag hatte Milena Kafka im „Café Arco" kennengelernt. Er schrieb damals an einem Roman „Der Verschollene", der nach seinem Tod als Fragment unter dem Titel „Amerika" erscheinen sollte. Nur das erste Kapitel war bereits 1913 als Erzählung unter dem Titel „Der Heizer" herausgekommen. Nun übersetzte Milena die Erzählung ins Tschechische, und 1920 brachte die progressive Prager Literaturzeitung „Kmen" (Der Stamm) den „Heizer" heraus. Die daraus entstandene Beziehung zu Franz Kafka endete 1922.

1927 heiratete Milena Jesenská, inzwischen von Polak geschieden und nach Prag zurückgekehrt, den avantgardistischen Architekten Jaromir Krejcar. Wegen ihrer antifaschistischen Haltung wurde sie von den Deutschen ins Konzentrationslager Ravensbrück deportiert, wo sie 1944 umkam.

Die immer stärker zum Kommunismus tendierende politische Einstellung Milenas hatte schließlich zum Bruch mit Ernst Polak geführt, der den totalitären ideologischen Anspruch des Sozialismus entschieden ablehnte. Dafür gab sich Polak in anderen, etwa erotischen Dingen sehr viel toleranter. Der Publizist und Diplomat Milan Dubrovic berichtet: „Im ‚Herrenhof' raunte man nun, daß Polak über dämonische Kräfte verfüge, um sich Frauen hörig zu machen. Dazu trug paradoxerweise auch seine äußere Erscheinung bei. Seine körperliche Unansehnlichkeit, die kleinwüchsige Gestalt kontrastierten mit seiner starken geistigen Ausstrahlung, sobald er zu sprechen begann. Seine Suggestivkraft wirkte entwaffnend. Mag sein, daß damit auch seine Macht über Frauen zusammenhing."

Es erscheint im nachhinein nicht wie Zufall, daß Ernst Polak das gleiche kleine böhmische Gitschin als Geburtsort mit Karl Kraus teilte. In den gut zwanzig Jahren seines „Herrenhof"-Daseins war er der unbestreitbare Mittelpunkt der dort etablierten Literaturszene. „Geburtshelfer Werfels, Kornfelds, Franz Kafkas" nannte ihn nicht zu Unrecht Anton Kuh. Und zumindest Kafka hat ihn als „Bürochef Klamm" in seinem Roman „Das Schloß" literarisch verewigt.

Kein Wunder, daß auch eine jüngere Generation von Schriftstellern seine Nähe und seinen Rat – in persönlichen und literarischen Fragen – suchte, wie Hilde Spiel, Friedrich Torberg, Milan Dubrovic, Heimito von Doderer, Piero Rismondo und Hans Weigel.

Noch eine andere Legenden-Gestalt, die wie Polak und Werfel die Prager mit der Wiener Szene vertauschte, geistert durch die Erinnerungen. Kein Dichter oder Literat, sondern der ehemalige Chefredakteur des berühmten „Prager Tagblatts", Karl Tschuppik. Im „Herrenhof", wo er ab und zu auftauchte, zählte man ihn zur Abteilung der „erotischen Revolutionäre", was in merkwürdigem Widerspruch zu seiner Ehe mit einer Tochter aus gutbürgerlicher Prager Familie stand. Gelegentlich versuchte er mit einem Dementi diesen Widerspruch aufzulösen: „Kinder, ihr tut der Frau unrecht, so bürgerlich ist sie gar nicht – ich hab sie gestern mit einem Schauspieler in ein Stundenhotel hineingehen sehen."

In Wien übernahm Tschuppik die Chefredaktion der „Stunde", einer Boulevardzeitung, die sich durch den Einfluß ihres Herausgebers, Imre Békessy, immer mehr zu einem Revolverblatt entwickelte. Tschuppik ironisierte gern diesen Lauf der Dinge, indem er erzählte, sein Traum sei die Herausgabe einer Zeitschrift mit dem Titel „Der Arsch", wöchentliche Beilagen „Der Kinderarsch" und „Der Frauenarsch".

Békessy verkehrte übrigens nicht im „Herrenhof". Er war Ungar, und die Ungarn gingen eher ins „Central". Das Hauptquartier der ungarischen Emigranten war aber das „Café Atlantic" neben dem Hotel „Imperial" am Ring. Hier mischten sich kurz nacheinander zwei Emigrantengruppen, die Bürgerlichen, die der „rote" Bela Kuhn aus Ungarn vertrieb, und die Sozialisten, die wenig später vor Nikolaus von Horthy flohen. 1919 traf man sich im „Café Atlantic" wieder.

„Die politischen Gegensätze zwischen der ersten und der zweiten Emigrationswelle", berichtet Géza von Cziffra, „waren bald abgeschliffen. Sie waren alle Emigranten. Fast wie

GÉZA VON CZIFFRA

eine große Familie. Ich gehörte auch zu ihnen. Im Café Atlantic sprachen sogar die Kellner Ungarisch."

Es war höchst angenehm und bequem, hier seine Bestellung in der Muttersprache aufgeben zu können. Aber den Literaten unter den Ungarn offenbarte sich bald das typische Emigranten-Dilemma, in der eigenen Sprache keine Möglichkeit der Veröffentlichung zu haben, aber die Sprache ihres Gastlandes, in dem sie etwas veröffentlichen könnten, nicht zu beherrschen.

Im „Central" lernte Cziffra Anton Kuh kennen. Als sich die beiden eines Tages im „Atlantic" trafen, wo sogar die Speisekarte ungarisch war, sagte Kuh: „Wenn Sie im Leben etwas werden wollen, müssen Sie aus dieser Hunnenbaracke ausziehen, ins Café Central oder ins Café Herrenhof umsiedeln und immer nur Deutsch sprechen und Deutsch schreiben."

Das war eben das Problem. Und als Cziffra einwandte „Ich kann ja nicht einwandfrei Deutsch schreiben", versuchte ihn Kuh zu beruhigen: „Wer kann das schon, außer mir und Karl Kraus."

Cziffra versuchte es und gab schließlich „einen Artikel in einer Sprache, die ich für Deutsch hielt", Kuh zu lesen. Im „Herrenhof" vermittelte Kuh dann den Artikel an Karl Tschuppik. Der las ihn, grinste hin und wieder und steckte ihn zuletzt in die Tasche: „Nicht schlecht, nur noch ein bißchen holprig. Ich werde es glattbügeln." Darauf Kuh: „Du wirst eine Dampfwalze dazu brauchen."

Cziffra übersiedelte wenig später nach Berlin, wo er zuerst als Journalist, später als Drehbuchautor Fuß faßte. Hier begegnete er in den zwanziger Jahren vielen bekannten Größen der Literatur, des Theaters und des Films. Einige, wie Anton Kuh, hatte er schon in Wien kennengelernt. Denn zwischen 1920 und 1934 war für die Wiener Berlin die große Versuchung schlechthin, der zahlreiche Schauspieler unter Führung von Max Reinhardt und Literaten wie Polgar oder Friedell wenigstens zeitweise folgten. Aber fast alle kehrten sie wieder zurück – spätestens im Jahr 1933, nachdem Adolf Hitler am 30. Jänner Reichskanzler geworden war.

In diesen Tagen war – wenn auch nur zu Besuch – Friedrich Torberg in Berlin. Dort herrschte auch im Kulturleben eine in höchstem Maße aufgewühlte und geladene Atmosphäre. Um ein satirisches, kabarettistisch entlarvendes Spiegelbild der politischen Situation zu bekommen, empfahlen ihm seine Berliner Freunde, die „Katakombe", ein Kabarett von und mit Werner Finck, zu besuchen, das beste und brisanteste, das es zur Zeit in dem auch in diesem Genre vielfältigen Berlin gab. Was Finck zu dieser Zeit in der „Katakombe" bot oder – wenn man will – was er sich vor und nach dem 30. Jänner 1933 leistete, hat er selbst ausführlich in seinem Buch „Alter Narr - was nun?" und in einigen anderen niedergeschrieben.

Fast vierzig Jahre später erinnerte sich Torberg (mündlich, denn geschrieben hat er es nirgends) an diesen Besuch in der „Katakombe", als er im Herbst 1972 zufällig Werner Finck auf der Frankfurter Buchmesse wiederbegegnete: „Wir saßen nach der Vorstellung noch zusammen, und Sie baten mich, etwas in das Gästebuch der ‚Katakombe' zu schreiben. Damals schrieb ich:

,Der Zahn der Zeit hat eine Plombe
man gehe in die Katakombe!'

Wenig später mußte ich zum Bahnhof, um den Nachtzug nach Wien zu erreichen. Als ich am anderen Tag dort ankam und die Zeitung aufschlug, lautete die Schlagzeile: Hitler Reichskanzler. Seitdem war ich nicht mehr in Berlin, und heute treffe ich Sie, Werner Finck, zum zweiten Mal."

Schnorrer braucht man überall

*D*ie sogenannte Zwischenkriegszeit war nicht nur in Berlin und Deutschland, sondern ebenso in Wien und dem klein gewordenen Österreich eine politisch höchst bewegte Epoche. Vergeblich bemühte sich die Regierung, mit den wirtschaftlichen Schwierigkeiten und Folgen des verlorenen Krieges fertig zu werden. Nicht nur in der Hauptstadt wurden die Gegensätze zwischen der schwarzen Bundesregierung und dem roten Wien immer deutlicher und auch heftiger ausgetragen. Auch unter den Literaten im „Café Central" oder im „Herrenhof" wurden immer wieder solche unterschiedlichen Positionen spürbar, aber dort boten sie vor allem Anlaß zu kontroversen Diskussionen, die sich mehr im Ideologischen abspielten, von den Tagesereignissen ausgelöst, erhoben sie sich rasch ins grundsätzlich Geistige. Man war tolerant, duldete und achtete gegensätzliche Auffassungen. Kaum einer war Mitglied in irgendeiner Parteiorganisation, nicht einmal der erotische Marxist Otto Gross war es gewesen. Wer sich tatsächlich im politischen Alltag engagieren wollte wie Egon Erwin Kisch, den hielt es nicht lange in Wien, und er ging nach Berlin.

Daran änderten auch die aus den ehemaligen Ländern der Monarchie Zugewanderten, wie die Tschechen oder Ungarn, nichts. Die meisten von ihnen versuchten, sich so rasch wie möglich anzugleichen, eine Möglichkeit zum Überleben zu finden. Viele von ihnen sprachen sowieso Deutsch und waren doch eigentlich gar nicht in ein „fremdes" Land geflohen, fühlten sich vielleicht „vertrieben", aber nicht als „Emigranten".

Ähnlich empfanden jene Österreicher, die 1933 aus Berlin nach Wien zurückkehrten. Doch mit den Heimkehrern kamen auch die ersten, die sich wirklich als Emigranten sahen, obwohl sie die gleiche Sprache benutzten wie ihre Kollegen, Freunde und Gastgeber in Wien: die jüdischen, die linken, die antifaschistischen Intellektuellen aus Deutschland. Nicht alle kamen, und viele von denen, die noch blieben, sollten es bitter büßen. Und nicht alle kamen nach Wien. Manche flohen nach Zürich – wo man auch Deutsch sprach –, andere nach Paris, Stockholm, Prag, London, Madrid – irgendwohin sie der Zufall verschlug.

Jene aber, die nach Wien flohen, weil sie hier Freunde hatten, weil sie hier Deutsch sprechen konnten, weil sie hier schreiben und publizieren konnten, ahnten meist nicht, wie unsicher der politische Boden bald auch in Österreich werden sollte. Aber in einem Punkt täuschten sie sich nicht selbst: Sie waren tatsächlich Emigranten. Wien sollte ihr erstes Exil werden. Wenn man Karl Kraus glauben will, täuschten sie sich eher in einem anderen Punkt, nämlich dem, hier in ihrer heimatlichen Sprache weiterzuleben. Denn nach dem Sprach-Grals-Hüter Kraus unterscheidet sich Österreich von Deutschland vor allem „durch die gemeinsame Sprache".

In einem aber glichen sich die deutschen Emigranten sehr rasch den Wiener Lebensgewohnheiten an, sie lebten hauptsächlich im Kaffeehaus, nicht zuletzt, weil ihnen als „Reisende ohne festen Wohnsitz" kaum etwas anderes übriggeblieben wäre. Sie gingen, je nachdem welche Bekanntschaften sie hatten, ins „Herrenhof", ins „Central" oder ins „Museum". Doch einige der Literaten, deren Existenz so handfest politisch bedroht gewesen war, empfanden die hochgeistige Luft des „Herrenhof" als auf Dauer zu dünn. Leute wie Bert Brecht, Walter Mehring, Oskar Maria Graf und andere trafen sich deshalb lieber und öfter im „Café de l'Europe".

Dieses Kaffeehaus am Stephansplatz hatte damals – neben einer anderen – schon eine literarische Tradition. Der 1919 gestorbene Peter Altenberg war vermutlich der erste, der hier regelmäßig einkehrte und der dann spätere Schriftsteller-Generationen von Kuh bis Torberg nachzog.

Das „Café de l'Europe" hatte zwei bemerkenswerte Vorzüge: Der eine war die späte Sperrstunde um 4 Uhr morgens (zeitweise gab es nicht einmal die), der andere war ein Stammpublikum, das mit Literatur nichts, aber auch gar nichts zu tun hatte. Es lag genau zwischen den beiden bekanntesten Wiener „Kontaktzonen", dem noblen „Strich" in der Kärntner Straße und dem weniger noblen in der Rotenturmstraße. Hier begegneten sich die Damen samt ihren Betreuern beider Reviere sozusagen auf neutralem Boden. Und hier mischte sich denn auch zu später nächtlicher Stunde jahrzehntelang das geistige mit dem erotischen Wien.

Aber es war, wie Anton Kuh erklärt, mehr als nur ein gemischt großstädtisches Nachtcafé: „Zunächst war es bummvoll, sommers und winters und zu welcher Tageszeit man es betrat. Denn es war kein Aufenthalts-, sondern ein Durchgangscafé. Die Glastüre im Eingang drehte sich ununterbrochen, Tag und Nacht, und oft konnte man während einer Stunde denselben Hut, denselben Bart, dieselbe Diebsnase zehnmal in Rotation sehen. Man kam schauen und ging... Das Café de l'Europe war ein großstädtisches Perpetuum mobile, ein Wunder der Rastlosigkeit und Unaufhörlichkeit und als solches auf Nachtfürchtige und Todesängstliche beruhigend wirkend."

Das von Kuh hier beschriebene Kaffeehaus lag damals noch gegenüber dem Domportal, Stephansplatz 8, und wurde wegen seiner langen Öffnungszeit auch „ewiges Kaffeehaus" genannt. Altenberg und Karl Kraus entdeckten das „de l'Europe" für sich bald nach der Jahrhundertwende. Die Figur des populären Cafetiers Ludwig Riedl taucht sogar in Kraus' „Letzten Tage der Menschheit" auf. Riedls Nachfolger, die drei Brüder Blum, verlegten das Kaffeehaus 1919 gleich um die Ecke in die Jasomirgottstraße. Als dann 1933 die deutschen Emigranten hier auftauchten, meinte Karl Kraus: „Die Ratten betreten das sinkende Schiff!"

Den Gästen des Kaffeehauses waren von den

BERTOLT BRECHT

langjährigen Besitzern, den drei Brüdern Blum, nur zwei bekannt. Zumeist war der immer aufmerksam um das Wohl der Gäste bemühte Jozsi Blum im Lokal anzutreffen. Nur gelegentlich vertrat ihn sein jüngerer Bruder, dessen geistige Beweglichkeit offenbar nicht voll ausreichte, die Vielfalt der Speisekarte zu interpretieren, weshalb er jedem Gast stets Eiernockerl empfahl. Die Stammgäste nannten ihn den „falschen Blum".

Der bereits erwähnte Ringer, Kartenspieler und Torberg-Freund Ernst Stein wurde eines Nachts der ihm wiederholt angetragenen Eiernockerln so überdrüssig, daß er sich in seiner vollen beträchtlichen Größe und Massigkeit vor dem erschrockenen Wirt aufrichtete und ihn andonnerte: „Blum! Die Zahl der von mir angebrunzten Kaffeesieder ist Legion. Noch ein Mal das Wort ‚Eiernockerl' ausgesprochen – und ich habe sie um einen vermehrt!'"

Ganz anders Jozsi Blum, der stets bemüht war, es seinen Gästen recht zu machen und keinen von ihnen zu verärgern. Im Jahr 1936, erinnert sich Torberg, als man zu später - oder vielmehr früher – Stunde vom „Herrenhof" ins „de l'Europe" wechselte, kaufte Stern die Morgenzeitung, die auf der Titelseite die französische Regierungskrise vermeldete: Léon Blum löst Ministerpräsident Daladier ab.

„Die ‚Presse' schwenkend, betrat Ernst Stern das ‚de l'Europe' und rief dem zur Begrüßung herbeieilenden Jozsi drohend zu: ‚Blum - du hast den Daladier gestürzt!!'– ‚Ich hab müssen', entschuldigte sich kleinlaut Jozsi Blum, ohne nachzudenken, wahrscheinlich ohne zu wissen, worum es sich handelte."

Torberg, nicht gerade ein Verehrer von Bert Brecht, berichtet auch von diesem eine Ge-

ALMA UND FRANZ WERFEL

schichte, die damals im „de l'Europe" passierte. In der Zeitung las Brecht gerade von den neuesten Verhaftungen in Deutschland, darunter war eine Reihe bekannter Namen, was ihn zu der Bemerkung veranlaßte: „Heutzutage ist es beinahe eine Schande, nicht verhaftet zu sein!" Darauf kam von einem Strizzi am Nebentisch der freundschaftliche Rat. „Also *das* kann man sich richten."

Und um zu illustrieren, wie desperat und aus den Fugen diese Zeit war – selbst für die hier verkehrenden unpolitischen Damen –, fügt Torberg seinen Erinnerungen an das „de l'Europe" noch den verzweifelten Seufzer der „böhmischen Liesel" an, die eines Tages völlig verstört ins Kaffeehaus kam: „,Hörst', sagte die böhmische Liesel. ,Zeiten san des. Zeiten!' Und schüttelte gedankenvoll den Kopf. ,Jetzt hab i an Masochisten - der haut z'ruck.'"

1934 war das Jahr, in dem auch die ersten Österreicher ihr Land verlassen mußten: Nach dem blutig niedergeschlagenen Februar-Aufstand flohen vor allem prominente Sozialisten nach Prag. Im Juni dieses Jahres begegneten Franz und Alma Werfel bei einem Besuch in Graz dem steirischen Landeshauptmann Dr. Anton Rintelen, der trotz seiner Zugehörigkeit zur Christlichsozialen Partei mit den Nationalsozialisten sympathisierte. Als sich die Werfels besorgt über die Entwicklung in Hitler-Deutschland zeigten, beruhigte sie Rintelen, daß die deutschen Vorgänge keine Auswirkungen auf Österreich haben würden, und meinte kryptisch: „Das Wesen jeder Diktatur ist eben das Geheimnis, das alles verhüllt."

„Da ist unsere österreichische Diktatur aber eine Ausnahme", antwortete Alma Werfel. „Bei uns weiß man schon immer zwei Wochen vorher ganz genau, was dann doch nicht eintrifft."

Wenige Wochen später, am 25. Juli 1934, wußte Rintelen selbst es nicht so genau, was dann doch nicht eintraf. Während die Nationalsozialisten an diesem Tag den Rundfunk stürmten, das Bundeskanzleramt besetzten und den amtierenden Engelbert Dollfuß erschossen, saß Rintelen stundenlang im Kaffeehaus des Hotel „Imperial" und wartete, daß die erfolgreichen Nazis ihn dort abholen und zum Bundeskanzler küren würden. Vergeblich. Als nach ein paar Stunden durchsickerte, daß der Putsch gescheitert war, zahlte er, nahm seinen Hut und fuhr zurück nach Graz. Daß er mit dem einzelnen Herrn, der einige Tische weiter saß und dort die Zeitungen las, geredet hat, ist nicht anzunehmen. Rintelen kannte persönlich keine Juden und schon gar nicht Karl Kraus.

Knapp vier Jahre später packten viele Gäste aus dem „Herrenhof" und einigen anderen Kaffeehäusern ihre Koffer. Am 12. März 1938 waren die ersten deutschen Truppen in Österreich einmarschiert und mit dem „Anschluß" an Deutschland hörte Österreich auf zu existieren.

Am 25. Februar war Joseph Roth von Paris nach Wien gekommen. Er hatte hochfliegende Pläne, wollte Bundeskanzler Schuschnigg bewegen, in letzter Minute die alte Monarchie unter dem Kaisersohn Otto von Habsburg zu installieren. Es ist nicht bekannt, ob er überhaupt bis zum Bundeskanzler vorgedrungen ist. Am 9. März reiste er unverrichteter Dinge wieder nach Paris zurück. Dort starb er am 29. Mai des folgenden Jahres.

Viele der österreichischen und deutschen Schriftsteller folgten ihm nach Paris, die meisten von ihnen, um gleich (freiwillig) oder später (gezwungen und meist abenteuerlich) von dort weiter zu fliehen: Franz und Alma Werfel, Egon Erwin Kisch, Alfred Polgar, Ernst Toller, Walter Hasenclever, Arthur Koestler, Walter Mehring, Hermann Kesten und – und ... Stefan Zweig und – wenig später – Sigmund Freud machten Station in Paris, bevor sie nach England weiterfuhren. Ödön von Horvath floh nach Budapest, Anfang Mai reiste er weiter – über Jugoslawien, Triest, Venedig, Mailand, Zürich, Brüssel und Amsterdam – nach Paris, wo er am 28. Mai ankam. Am 1. Juni traf er den Regisseur Robert Siodmark, der seinen Roman „Jugend ohne Gott" verfilmen wollte. Auf dem Rückweg ins Hotel wurde er durch einen herabstürzenden Ast gegenüber dem Théâtre Marigny getötet.

Nicht alle konnten oder wollten Österreich sogleich freiwillig verlassen. Manche erkannten die Notwendigkeit zur Flucht erst, als es bereits zu spät war. Der Kabarettist Fritz Grünbaum, der für sich, Karl Farkas und den „Simplizissimus" die Doppelconferencen erfunden hatte, wurde verhaftet. Im Gefängnis sinnierte er, während er in dem engen Raum hin- und herwanderte: „Jetzt weiß ich endlich, was die Relativitätstheorie ist: Ich gehe und gehe und gehe, und dabei sitze ich." 1941 starb er im KZ Dachau.

Dem Kabarettisten und Lyriker Peter Hammerschlag verhalfen Freunde zur Flucht nach Jugoslawien. Als er dort kein Visum für die Weiterreise bekam, übermannte ihn das Heimweh und – er fuhr nach Wien zurück. Der Komponist Alexander Steinbrecher versteckte ihn. „Vielleicht wäre er als U-Boot durchgekommen", schreibt Friedrich Torberg. „Aber eines Abends gingen ihm die Zigaretten aus, er wollte sich aus dem Gasthaus an der Ecke welche holen, wurde von einer SA-Streife geschnappt und kam nicht wieder." Irgendwann 1942 starb er in Auschwitz.

Ende März 1938 saßen noch einige wenige der alten Stammgäste im „Café Herrenhof". Man besprach, wann und auf welchem Wege man wohin in den nächsten Tagen fahren würde. Denn abreisen würde man in jedem Fall. Anton Kuh saß dabei und hörte ganz gegen seine Gewohnheit nur schweigsam zu. Und er? Was plante er? Wohin würde er fahren, wollte man wissen? Kuh zuckte die Schultern, dann meinte er: „Schnorrer braucht man überall." Er starb 1941 in New York.

CAFÉ IMPERIAL

CAFÉ SANS SOUCI, HEUTE BRÄUNERHOF

Aufbruch ins Gestern oder Die schöne Leich'

*D*ie „Abreise" der Dichter und der österreichischen Literatur 1938 markiert auch das Sterbejahr des literarischen Kaffeehauses in Wien. Was sich in den sieben Jahren bis zum Ende des Zweiten Weltkrieges in den Wiener Kaffeehäusern ereignete, ist – literarisch – vernachlässigbar. Was in den Jahrzehnten nach 1945, als es Österreich wieder gab, passierte, war zum Teil neu und aufregend, aber die Revolutionäre der fünfziger und sechziger Jahre brauchten für ihre Kunst und Literatur nicht mehr das Kaffeehaus.

Die Kaffeetrinker wurden rar. Waren in den zwanziger und beginnenden dreißiger Jahren Kaffee und Kokain die intellektuellen Rauschdrogen gewesen, so waren es nun Wein und Wodka. Nicht daß es im „Central", im „Herrenhof" oder gar im „de l'Europe" keinen Alkohol gegeben hätte, aber es waren immerhin Kaffeehäuser, und deren Überlebenschancen wurden im Nachkriegs-Wien von Jahr zu Jahr geringer.

Ein hartnäckig überzeugter Kaffeetrinker war noch in den siebziger Jahren der 1910 geborene „literarische" Zeichner Wilfried Zeller-Zellenberg. Wo immer der ironisch nostalgische Monarchist Zeller-Zellenberg bei Vernissagen oder Buch-Premieren auftauchte, schritt er durch die Ansammlung Wein- oder Sektglas-bewaffneter Geistes-Pilger mit einem Kaffeehäferl in der Hand. Die Thermosflasche mit Nachschub hatte er an der Garderobe abgegeben.

Allein das hätte in jenen Jahren genügt, in ihm ein Original zu sehen. Glücklicherweise hatte er noch einige andere merkwürdige Eigenheiten, die diese Bezeichnung rechtfertigten, beispielsweise seine auffällige Ähnlichkeit mit Kaiser Franz Joseph, seine „Forschungen" zur Geschichte der Rosenkreuzler oder seine Obstzüchtungen in den Blumenkästen vor den Fenstern des Ateliers in der Wiesingerstraße.

Das Kaffeehaus und das Kaffeetrinken sind in der Wiener Literaturgeschichte der zweiten Hälfte des zwanzigsten Jahrhunderts Phänomene der Nostalgie. Der (nahezu) ausschließliche Konsum von Kaffee als Stimulanz war denn auch ein deutliches Merkmal der zurückgekehrten Emigranten, zu deren ersten Hans Weigel und Friedrich Torberg gehörten. Eine erkleckliche Anzahl zog es übrigens vor, in der ihnen aufgezwungenen, aber inzwischen gewohnten neuen Heimat zu bleiben – aus welchen Gründen auch immer.

Zu jenen, die erst versuchs-, dann zeitweise nach Wien zurückkehrten, gehörte Hilde Spiel. Bei ihrem ersten Besuch 1946 suchte sie das alte, ihr wohlvertraute „Café Herrenhof" auf. Sie schilderte das, was sie wiederfand, in ihrem Tagebuch als eine Art Leichenschauhaus: dunkel, leer, und der bekannte hintere Raum, in dem früher die Literaten bis zur Sperrstunde in angeregter Diskussion saßen, war mit einer schweren Portiere verhängt und nicht in Benutzung. Im Halbdunkel traf sie schließlich auf den alten, noch immer vorhandenen Oberkellner, Herrn Hnatek, Franz Hnatek, „König aller Kellner, war ein solcher Meister der würdigen Pose, daß er, hätte er es gewollt, als jenes dekorativste aller Wesen, ein großer deutscher Dichter, hätte auftreten können. In der Tat wurde Thomas Mann, als er einmal in Wien eine Vorlesung hielt, von den Besuchern des Café Herrenhof mit Herrn Hnatek und zu dessen Gunsten verglichen."

Hilde Spiels Enttäuschung ist groß. Die Heimgekehrte, die Wien Hals über Kopf hatte verlassen müssen, gezwungen wurde, in einem fremden Land zu leben, eine neue Sprache zu lernen, neue Arbeit und neue Freunde zu finden,

HILDE SPIEL

wie empfängt sie einer, der in Wien bleiben, seinen Beruf, seine Sprache behalten konnte?

„Die Frau Doktor haben gut daran getan, daß Sie fort sind", sagt Herr Hnatek. „Allein die Luftangriffe – dreimal haben sie die ganze Stadt in Brand gesteckt."

Es war ebenso typisch wie verständlich: Jeder, der damals aus der Ferne nach Wien zurückkehrte, suchte als erstes „sein" Kaffeehaus auf, versuchte sich in der zerstörten Geographie der Stadt an den verbliebenen und erhaltenen Marmortischen und Kaffeehauskellnern zu orientieren. Als Friedrich Torberg – er schrieb 1958, als Herr Hnatek gestorben war, das „Requiem für einen Oberkellner" – aus Amerika zurückkehrte, traf er am zweiten Tag Hans Weigel, der sich bereits im „Café Raimund" gegenüber dem Volkstheater etabliert und das „Hawelka" in der Dorotheergasse als derzeit einschlägigstes Künstler- und Literaten-Café ausgemacht hatte. Auf Torbergs Frage, wo „man" derzeit hinginge, nannte Weigel das „Hawelka".

„Das ‚Hawelka'?" rief der eben angekommene Torberg. „Aber das hat doch schon um ein Uhr Sperrstunde!" Soviel wußte er bereits.

Aus Amerika kam auch Alfred Polgar zurück , doch er stattete Wien nur einen Besuch ab, um sich anschließend in Zürich niederzulassen. Als der Zug nach Wien in Linz hielt, notierte er in sein Tagebuch: „Bis März 1938 lag Linz in Oberösterreich, dann lag es im Gau Oberdonau, und jetzt liegt es in der amerikanischen Zone. Viel kommen die Städte herum neuerdings."

Er blieb nicht allzu lange hier, im Nachkriegs-Wien hatte er nichts anderes als Reminiszenzen an längst Vergangenes entdecken können. Als er sich, auf dem Weg nach Zürich, von seinen Freunden verabschiedete, sagte er voller Enttäuschung: „Wien bleibt Wien."

Aus Haifa kam der in Prag geborene Leo Perutz, Autor einiger heute wiederentdeckter spannender phantastischer Romane, zu Besuch ins „Café Herrenhof". Von Torberg stammt das Bonmot, Perutz könnte „einem Fehltritt Franz Kafkas mit Agatha Christie entsprossen sein". Auch Perutz war enttäuscht. Das Kaffeehaus war fast leer, er traf hier keinen seiner alten Freunde mehr. Der einzige Gast war der ihm aufs herzlichste verhaßte Otto Soyka.

Soyka war ein so unbedeutender Schriftsteller, daß er sogar während der Nazizeit im „Herrenhof" sitzen bleiben durfte. Im Gegensatz zu seinen literarischen Qualitäten waren seine

Arroganz und Eitelkeit stark ausgeprägt. Als er in früheren Jahren einmal im eleganten Reitkostüm mit Stiefeln und Sporen ins „Herrenhof" kam, sagte Polgar laut: „Ich habe ja *auch* kein Pferd, aber *so* kein Pferd wie der Soyka hab' ich bestimmt nicht." Auch auf den erotischen Bereich erstreckte sich seine Eitelkeit. Nach einer kurzen, belanglosen Affäre mit der jungen Gina Kaus konnte er es jahrelang nicht verwinden, daß sie sich in Wahrheit nichts aus ihm machte.

Torberg versuchte 1950 in dem „Leichenschauhaus" des „Herrenhof" noch einmal für kurze Zeit einen literarischen Kreis aufzubauen. Neben Alexander Lernet-Holenia und Milan Dubrovic kamen auch einige hoffnungsvolle junge Autoren. Aber wie so vieles damals krankte das Unternehmen daran, daß man nach diesen „tausend" Jahren nicht so ohne weiteres an die Vergangenheit anknüpfen konnte. Er hat dann, wie viele der anderen Überlebenden in

INGEBORG BACHMANN

ihren Memoiren, hauptsächlich in der „Tante Jolesch" manche der Erinnerungen an die Zeit des literarischen Kaffeehauses festgehalten.

Mit größerem Elan betrieb einige Zeit Hans Weigel im „Café Raimund" seine – wie 1981 Friedrich Hansen-Löve schrieb – „Beratungs- und Förderungsstelle für werdende Dichter und Schriftsteller". Dieses Unternehmen baute er dann bis zu seinem Tode durch die professionelle Produktion von Vorworten für alle Arten von Büchern hoffnungsvoller Autoren aus.

Neben dem noch immer einschlägig existierenden „Cafe Museum" war in den fünfziger Jahren vor allem das 1938 gegründete „Hawelka" in Mode gekommen. Es war (und hat noch etwas davon) ein typisches und höchst originelles Künstlerlokal, in dem auch und beinahe alle Wiener Literaten – gelegentlich – verkehrt haben, Weigel und Doderer, Artmann und Qualtinger, Rühm und Jandl. Aber die größere Klientel stellten im „Hawelka" unbestritten die bildenden Künstler, Moldovan und Absalon, Fuchs und Brauer, Hutter und Ringel.

1951 erlangte ein Einzelgänger, Verschlossener, zeitweilig (wegen seines merkwürdigen Verhaltens zu Beginn der Nazizeit) Verfemter unversehens großen und über Österreich hinausreichenden literarischen Ruhm: Der fünfundfünfzigjährige Heimito von Doderer hatte seinen bekanntesten Roman, „Die Strudlhofstiege", veröffentlicht. Er, der so lange Unentdeckte, galt in seinen späten Jahren als der bedeutendste österreichische Erzähler. Die dama-

HANS WEIGEL

lige Bundesregierung erwog sogar, Doderer für den Nobelpreis vorzuschlagen. (Dafür bekam ihn später der vielleicht doch noch bedeutendere – aber nicht in Wien lebende – österreichische Dichter Elias Canetti, ohne daß sich das offizielle Österreich darum bemühte!)

Doderer, den lebenslange Freundschaften einerseits mit dem Nazi-Dichter Bruno Brehm, andererseits mit dem Maler-Dichter Albert Paris Gütersloh und mit Egon Friedell verbanden, suchte und fand später auch Kontakt zu der jungen Wiener Schriftstellergarde, zu Friederike Mayröcker, Ingeborg Bachmann, Ernst Jandl, Gerhard Rühm oder H.C. Artmann. Seinen regelmäßigen Stammtisch, der aber a priori kein literarischer war, besuchte er in einem einfachen Gasthaus in der Josefstädter Straße, „Zur Stadt Paris". 1938 hatte er um die Ecke in der Buchfeldgasse mit Hilfe der SA die Atelierwohnung der jüdischen Malerin Trude Waehner requiriert. Dort wohnte er lange Jahre „streng getrennt" mit Albert Paris Gütersloh zusammen. Erst 1948 gelang es der zurückgekehrten Trude Waehner nach einem vielbeachteten Prozeß, ihre Wohnung von Doderer zurückzubekommen.

Doderer zog danach in das daruntergelegene Stockwerk und Jahre später in die Währinger Straße. Seinem Stammlokal und dem Wirt Franz Blauensteiner blieb er weiterhin treu – auch als er berühmt wurde und als er weiter wegzog. Daneben traf er seine Freunde auch in anderen Gasthäusern, häufig beim „Falstaff" gegenüber der Volksoper, in dem damals Helmut Qualtinger mit seiner Clique verkehrte. Natürlich ging Doderer, wie jeder Wiener, auch ins Kaffeehaus, ins „Brioni", „Hummel" oder „Hawelka". Aber den Zweck, den er darin sah, hätte man nie mit den Intentionen eines literarischen Kaffeehauses vereinen können. Denn er meinte: „In Wien geht man ins Café, um sich zurückzuziehen, und jeder setzt sich Insel bildend so weit wie möglich von jedem anderen."

Mit Doderer, den er schon als Schüler durch seinen Vater kennengelernt hatte, war der viel jüngere Qualtinger gut befreundet. Durch ihn war er in jungen Jahren zur Lektüre von Karl Kraus gekommen, in dem „Quasi" eine literarische und sprachliche Institution sah.

Die nur kurze Zeit existierende Legende eines Künstlerlokals war schließlich zu Beginn der fünfziger Jahre der „Strohkoffer", in dem sie alle – Literaten, Maler, Musiker, Architekten, Karikaturisten, Schauspieler und Journalisten – heftig verkehrten. Viele von ihnen waren noch gar nicht bekannt, geschweige denn prominent.

Auch Helmut Qualtinger erinnerte sich an dieses Kellerlokal unter der Loosbar: „Es war sehr billig eingerichtet und mit Schilf austapeziert. Daher erhielt es nach kurzer Zeit den Namen ‚Strohkoffer'. An sich hieß es ‚Art Club'. Zu dem ganzen Lokal-Komplex gehörte oben neben der Loosbar auch ein Espresso, das damals vorübergehend als Homosexuellenlokal geführt wurde, und zwar – für Wien völlig neu – im internationalen Stil. Der Strohkoffer selbst wurde später ein Stripteaselokal."

Der „Strohkoffer" bot das – für Wien – Neueste an modischer Verruchtheit, beispielsweise

Jazz und Pernod. Und verrucht und verrückt gab sich hier auch die junge Wiener Künstlerszene: Gerhard Rühm, H.C. Artmann, Konrad Bayer, Anton Lehmden, Kurt Absalon oder Wolfgang Hutter. Auch an manchen unbekannt Gebliebenen erinnerte sich Qualtinger: „Ein spinnerter Freund von mir, Theodore Nicoll, der Schriftsteller werden wollte und in Wirklichkeit Dr. Wondratsch hieß, brachte sein schriftstellerisches Werk nur bis zu dem Satz: ‚Soll ich einen Roman schreiben oder soll ich keinen Roman schreiben? Ich sitze vor einem Tisch, der Tisch wackelt.‘“ Ein anderer Quasi-Freund „hatte seinerzeit zuerst in der englischen und dann in der jüdischen Armee gedient, kam dann nach Wien zurück und verlegte sich auf den Beruf des Zuhälters. Er war einer der lustigsten und zugleich traurigsten Menschen. ‚A Jud is a Jud, und a Fut is a Fut!‘, das war seine

HELMUT QUALTINGER

Philosophie. Ein anderer Ausspruch war: ‚Ich bin der blödeste Jud von der Welt!‘ Denn obwohl er ein erfolgreicher Zuhälter war, war er immer unglücklich verliebt.“

Über die ausgehenden fünfziger und die beginnenden sechziger Jahre schreibt H.C. Artmann: „Die literarische Szene in Wien war damals dreigeteilt: Die Gruppe um Hans Weigel, wir – Ossi Wiener, Konrad Bayer, Gerhard Rühm, Ernst Jandl und ich – und schließlich er, Thomas Bernhard. Absolut unabhängig, keinem Menschen als seiner Tante und dem Ehepaar Lampersberg verbunden.“

Der Einzelgänger Thomas Bernhard lebte meist im Salzburgischen, kam öfter nach Wien, aber nur wenige und oft niemand wußten, wann das geschah. Er war, in welcher Stadt auch

THOMAS BERNHARD IM CAFÉ BRÄUNERHOF

immer, ein fast leidenschaftlicher Kaffeehausbesucher – schon wegen der Zeitungen: „Zeitungen haben mich immer fasziniert, von meiner Jugend bis heute. Es ist mir kaum erträglich, einen Tag ohne Zeitung zu verbringen."

Stunden saß er, Zeitungen lesend, im „Hawelka". Später bevorzugte er das sehr viel ruhigere „Café Bräunerhof" in der Stallburggasse 2. Ob er wohl von der Sinnfälligkeit der Adresse dieses Kaffeehauses gewußt hat? Nicht das „Bräunerhof" selbst, das etwa 1920 als Tanzcafé „Sans Souci" eröffnet wurde, ist gemeint, sondern das Wohnhaus, in dessen Parterre es untergebracht ist.

Hier wohnten seinerzeit (nicht gleichzeitig) zwei der berühmtesten Wiener Kaffeehausliteraten: Hugo von Hofmannsthal und Alfred Polgar. Letzterer, der ein kleines Feuilleton „Stallburggasse 2" schrieb, bewohnte in den dreißiger Jahren eine kleine Mansarde im obersten Stock. Wenn er spätnachts, aus dem „Café Central" oder „Herrenhof" kommend, die Stiegen zu seiner Mansarde emporklomm, saß im zweiten Stock vor der Wohnungstür des Bundeskanzlers Dollfuß dessen Leibwächter an einem kleinen Tisch und las – zum Ärger des feingeistigen Literaten – im Schein einer trüben Lampe Detektivromane. Vermutlich sind aber weder Hofmannsthal oder Polgar noch Dollfuß oder die ebenfalls hier einige Zeit wohnende Sängerin Maria Jeritza je zum Tanztee ins „Sans Souci" gekommen...

Als Thomas Bernhard hier seine Zeitungen las, gab es längst keinen Tanztee mehr. Das „Bräunerhof" war ein ruhiges, gepflegtes Innenstadtcafé geworden. Man unterhielt sich dort in gedämpften Ton oder raschelte nur mit der Zeitung. Gelegentlich traf Bernhard hier Freunde, Bekannte, Journalisten, aber meist saß er allein. „Außerdem fühle ich mich über lange Zeit sowieso allein am wohlsten. Mir genügt, wenn ich ab und zu ins Caféhaus geh und zuschaue, wie die anderen reden."

Mehr als zweihundert Jahre ist es her, daß das erste literarische Kaffeehaus in Wien entstand, nicht „eröffnet" wurde und nicht als solches propagiert. Die Literaten und die Zeitumstände machten es dazu. Es war Klub und Wohnstätte, Forum der Diskussionen und Jahrmarkt der Freundschaften und Feindschaften. Es war „literarisch", weil hier Literaten zusammenkamen.

Heute gehen Dichter wie Thomas Bernhard ins Kaffeehaus, um allein zu sein, bestenfalls um einen Freund zu treffen oder ein Interview zu geben. Als Ort kommunikativer Begegnung hat das Kaffeehaus seinen Sinn und seine Berechtigung verloren. Und auch seinen Selbstzweck, wie ihn Friedrich Torberg (um ihn noch ein letztes Mal zu zitieren) 1981 sah:

„Das ausgestorbene Wiener Literatencafé – nicht zu verwechseln mit dem nach wie vor lebendigen Wiener Kaffeehaus – bezog seine unverwechselbare Eigenart zum Großteil daher, daß seine Insassen nichts anderes zu sein begehrten als eben dies: Insassen eines Literatencafés. Das war ihr Adel, ihre Arriviertheit und Arroganz."

Literaturverzeichnis

Abosch, Heinz: Trotzki Chronik. München 1973
Basil, Otto: Johann Nestroy mit Selbstzeugnissen und Bilddokumenten. Reinbek 1967
Bauernfeld, Eduard von: Aus Alt- und Neu-Wien. Wien 1923
Berg, Erich Alban: Als der Adler noch zwei Köpfe hatte. Graz-Wien-Köln 1980
Bettelheim, Anton: Lebensbild (in: Ludwig Anzengruber. Werke, Bd. 1). Berlin-Leipzig-Wien-Stuttgart o. J.
Bronsen, David: Joseph Roth - Eine Biographie. Köln 1974
Cziffra, Géza von: Der Kuh im Kaffeehaus. München-Berlin 1981
Dreissinger, Sepp (Hrsg.): Thomas Bernhard - Portraits. Weitra 1991
Dubrovic, Milan: Veruntreute Geschichte. Wien-Hamburg 1985
Forster, Rudolf: Das Spiel mein Leben. Frankfurt am Main-Berlin 1967
Geier, Manfred: Der Wiener Kreis mit Selbstzeugnissen und Bilddokumenten. Reinbek 1992
Giese, Alexander: Licht der Freiheit. München 1993
Glaßbrenner, Adolf: Bilder und Träume aus Wien. Wien-Berlin-Leipzig-München 1922
Gugitz, Gustav: Das Wiener Kaffeehaus. Wien 1940
Haage, Peter: Der Partylöwe, der Bücher fraß - Egon Friedell und sein Kreis. Hamburg-Düsseldorf 1971
Heering, Kurt-Jürgen (Hrsg.): Das Wiener Kaffeehaus. Frankfurt am Main-Leipzig 1993
Heindl, Gottfried: Und die Größe ist gefährlich oder Wahrhaftige Geschichten zur Geschichte eines schwierigen Volkes. Wien-Berlin 1969
Helfert, Joseph Alexander Freiherr von: Der Wiener Parnaß im Jahre 1848. Wien 1882
Horowitz, Michael (Hrsg.): Begegnungen mit Heimito von Doderer. Wien-München 1983
Houben, Heinrich Hubert: Hier Zensur – wer dort? Leipzig 1918
Houben, Heinrich Hubert: Der gefesselte Biedermeier. Leipzig 1924
Jähn, Karl-Heinz (Hrsg.): Das Prager Kaffeehaus. Berlin 1988
Kaus, Gina: Und was für ein Leben... Hamburg 1979
Kleindel, Walter: Das große Buch der Österrreicher. Wien 1987
Kraus, Karl: Frühe Schriften: 1892 - 1900. München 1979
Láng, Attila E.: Das Theater an der Wien. Wien-München 1976
Mahovsky, Ekhard: Die Furche von Slavikowitz und andere Anekdoten um Kaiser Joseph II.. Wien-München 1980
Matthiesen, Hayo: Friedrich Hebbel mit Selbstzeugnissen und Bilddokumenten. Reinbek 1970
Mautner, Franz H.: Nestroy (in: Johann Nestroy. Komödien, Bd. 1). Frankfurt am Main 1970
Oberzill, Gerhard H.: Ins Kaffeehaus! Wien - München 1983
Österreich zur Zeit Kaiser Josephs II. Katalog der Niederösterreichischen Landesausstellung im Stift Melk 1980
Qualtinger, Helmut: Der Strohkoffer (in: Hier lebe ich - Landschaften und Orte, gesehen von deutschen Schriftstellern, herausgegeben von B. F. Sinhuber). Rosenheim 1978
Reischl, Friedrich: Wien zur Biedermeierzeit. Wien 1921
Roedl, Urban: Adalbert Stifter mit Selbstzeugnissen und Bilddokumenten. Reinbek 1965
Rossbacher, Karlheinz: Literatur und Liberalismus - Zur Kultur der Ringstraßenzeit in Wien. Wien 1992
Salten, Felix: „Aus den Anfängen". Erinnerungsskizzen (in: Jahrbuch der deutschen Bibliophilen und Literaturfreunde; Jg. 18/19). Berlin – Wien – Leipzig 1933
Scheit, Gerhard: Franz Grillparzer mit Selbstzeugnissen und Bilddokumenten. Reinbek 1989
Schnitzler, Arthur: Jugend in Wien – Eine Autobiographie. Wien-München-Zürich 1968
Schreyvogl, Friedrich: Ferdinand Raimund – Leben und Werk (in: Ferdinand Raimund. Sämtliche Werke). München o. J.
Schweiger, Werner J. (Hrsg.): Das große Peter Altenberg Buch. Wien-Hamburg 1977
Sealsfield, Charles: Österreich, wie es ist oder Skizzen von Fürstenhöfen des Kontinents. Wien 1919
Singer, Herta: Im Wiener Kaffeehaus. Wien 1959
Sinhuber, Bartel F.: Zu Gast im alten Wien. München 1989
Spiel, Hilde: Rückkehr nach Wien – Tagebuch 1946. München 1968
Spiel, Hilde (Hrsg.): Der Wiener Kongreß in Augenzeugenberichten. Düsseldorf 1965
Steiner, Herbert: Karl Marx in Wien. Wien-München-Zürich 1978
Stifter, Adalbert: Wien und die Wiener (in: Adalbert Stifter. Sämtliche Werke, Band 3). Berlin-Darmstadt 1959
Sturminger, Walter (Hrsg.): Die Türken vor Wien in Augenzeugenberichten. Düsseldorf 1968
Szittya, Emil: Das Kuriositäten-Kabinett. Konstanz 1923
Torberg, Friedrich: Apropos. Nachgelassenes - Kritisches - Bleibendes. München - Wien 1981
Torberg, Friedrich: Die Tante Jolesch oder Der Untergang des Abendlandes in Anekdoten. München-Wien 1975
Volke, Werner: Hugo von Hofmannsthal in Selbstzeugnissen und Bilddokumenten. Reinbek 1967
Weys, Rudolf: Cabaret und Kabarett in Wien. Wien-München 1970
Wien Stadtchronik – 2.000 Jahre in Daten, Dokumenten und Bildern. Wien-München 1986
Ziehensack, Walter Franz: Hotel Imperial. Wien-Hamburg 1979
Zweig, Stefan: Die Welt von Gestern. Frankfurt am Main-Berlin 1962

Personenregister